伝える力が身につく本

精准表达

不用妈妈教，孩子自学
变身说话达人

［日］山崎红（Akashi Yamazaki） 著　　亢银银 译

江苏人民出版社

致手中拿起这本书的各位

从书架上选择了这本《精准表达：如何有条理地说，大人更懂我》的你，如果是小学生或中学生的话，我想你一定是一个思想相当先进的人。因为，在这样的年纪里，有很多漫画、游戏、猜谜、冒险等其他有趣的书可读。

这里面我想有些人并不是自己主动去读，而是通过学校的老师、家人等的推荐才去读的吧。如果真是那样的话，那么那位推荐者也一定是一个有着进步思想的人，一直在考虑着你的将来。为什么我会这样认为呢？因为，如果现在就想让你立刻学习的话，就会想把语文、算术、理科、社会、英语的学习参考书和练习书等都交给你。

表达能力，是人类一生中的一项重要能力，不仅仅是现在，即使成为大学生、大人，不，应该说越是长大成人，越是需要这种力量。如果能掌握的话，则一生受益。因为，只要我们不是宇宙的最后一个人，就会与他人产生关联地一起生活下去。如果能够很好地表达自己的心情和想法，就会与对方产生友好关系，并且能够得到对方的帮忙，继而一起去进行各种事情。

表达自己的心情和想法的方法有很多。聊天、发短信、写信、不用语言而是通过表情和态度、偶尔紧紧地拥抱等等，当然，也许还有其他方法，但是在这本书内可以学习"整理思维，用语言和手势表达思想"等这样的表达技能。其实，即使是大人也有很多人在学习这种方法。那么，做为小学生、中学生的你，也要试着挑战一下吗？我衷心希望通过阅读这本书，能够让你找到一生能为之所用的力量。

作者　山崎　红

在本书中，好友二人组的雷伊和真子，一边跟随着仁老师的指导，一边学习各种各样的事情。

请多多关照！

雷伊

怕麻烦的男孩子。
一旦认真起来能够发挥很强大的力量。
虽然嘴上不说，
其实比较依赖真子。

初次见面

真子

非常认真、脚踏实地、勤奋好学的女孩子。
看似被雷伊任意摆布，
其实，一直在帮着雷伊。

仁老师

当雷伊和真子遇到困难时给予帮助，
是位值得依赖的老师。
虽然很热情地进行指导，但他觉得自主思考后的行动很重要，经常会说"试着想一想""做一下试试看吧"。

一起试试吧！

通过偶尔出现的漫画及猜谜来稍微休息片刻♪

皮皮

仁老师饲养的松鼠。
有时候也会代替仁老师传达他的建议。精力充沛，总是在页面的右上方一圈圈地转来转去，试着粗略地翻一下书吧！
在章节的最后一页也有来自皮皮的猜谜哦。

目录

第 1 章

什么是演讲?

第 2 章

将想要表达的事项进行整理吧

第3章 制作演讲资料

第4章 做演讲准备吧

第**5**章 进行演讲吧

第**6**章

回顾结果

什么是演讲？

有没有听过
"演讲"这个词汇呢？
是不是觉得很难呢？
不会的，到目前为止，
在你没有意识到的时候，
可能就已经进行过无数次的演讲了。
那么，演讲到底是怎样的呢，
我们来进行学习吧。

所谓演讲

喏，你知道演讲吗？

怎么突然提起这个来了？怎么了？

嗯，我正在做的自由研究，如果全部整理好后要在大家面前进行发表，对吧？我跟爸爸说了这件事后，爸爸说道："试着学一学演讲怎么样？"

原来如此呀。那么，你没问你爸爸吗？

问了之后也只说"请你自己试着调查"。

我也不知道呢。要不去问一问仁老师？

——雷伊和真子迅速来到了仁老师这里——

老师，您好！

有件事想向您请教……

哦，雷伊也跟着一起来了啊。

嗯，是的。

演讲是什么呢？

原来雷伊和真子对演讲有兴趣啊。

好的，那首先就从基础开始进行解说吧。

好的。拜托老师了。

果然仁老师很可靠啊。

所谓**演讲**

就是将**自己想要传达的内容**
向听众进行说明的一种"发表"

演讲这个词在英语里，是以"Presentation"来表示的。
与礼物这个词是很相似的吧。
"Present"也就是赠送的意思。
演讲也同样相当于向他人赠送或是给予什么的意思。

原来是英语啊。
因为"发表"就是向听者进行信息的传达，所以与礼物的意思比较相近吧。

哦。不过，感觉比起说"发表"，可能还不如说"演讲"，这样感觉会更酷。
虽然爸爸也说过"Present"。

说"演讲"的话会比较长，所以有时候也会省略后直接说"Present"哦。
不管是哪个都是同样的意思。

为什么要做演讲?

原来演讲就是"发表"啊!

如果是这样的话,那我也做过呢。

我也是。我经常在上课时进行发表呢。

是啊,那么,为什么要进行发表呢?

雷伊,真子目前为止都是在什么时候进行发表的呢?

我呀,是针对暑假的自由研究进行了发表。

雷伊在被提名为学生会干事的候选人时进行了讲话。

那个也是演讲吗?

是的。雷伊的讲话也是演讲。是因为什么原因进行演讲

呢?

是为了征得选票吧?多亏了这次讲话而当选了。

为了让雷伊成为干事,为了获得选票而进行的演讲啊。

如果当选了的话,那目的也就达到了。

嗯。既然是演讲肯定就会带有目的吧。

不过,到目前为止,我发表的时候,并没有过多考虑过

这个目的……

是啊。无意中就说了。

演讲有各式各样的形式。因此,目的也是形形色色。都

有哪些呢?

试着思考一下吧!

将演讲的目的，进行大致分类后，
就会有以下 3 种：

信息传达后"能得到理解"；
劝说后"能得出行动"；
让其开心，从而"获得满足"。

因为演讲就是将自己想要传达的内容向听者
进行说明，所以"希望能够得到理解"是所
有演讲中共通的目的。
另外，也有将"希望能够得出行动""获得满
足"等作为目的的演讲。

也就是说，我在学生会上进行的讲话是
"希望能够给予行动"这种演讲啊。
为了让大家能够给我投票的演讲。

那我的发表也就是"希望能够得到理解"的演讲。
像这样进行自由研究的发表，是希望能够获得班
级上各位同学的理解。

"获得满足"可能就是在好朋友转
学时进行临别赠言吧。满足也有各
式各样的呢。

演讲的种类各式各样。

根据主题、听众、场所、时间、使用的道具（资料制作、发表时使用的道具）、**发表方法**（站着还是坐着），演讲也会有所不同。

- **主　　题**　暑假的自由研究
- **听　　众**　班主任
　　　　　　　同班级的朋友
- **场　　所**　教室
- **时　　间**　10 分钟以内
- **道　　具**　在 * 仿造纸上写好的资料
- **发表方法**　由两人分担
　　　　　　　在教室前站着发表讲话

* 仿造纸也就是，一张大的白纸的意思。

- **主　　题**　选举学生会干事的讲话
- **听　　众**　全校学生
- **场　　所**　会堂
- **时　　间**　5 分钟以内
- **道　　具**　没有资料，麦克风
- **发表方法**　一个人站在会堂前进行发表

试试看吧!

你也进行过演讲吗?
试着回想一下发表时的经验吧。

回想发表时的经验后,将其写下来吧。
如果自己没有进行过发表的话,就试着回想
曾看到过的他人在演讲时的场景吧。
好朋友是怎样进行演讲的呢?

主　题：是怎样的内容?

目　的：是为了什么目的进行演讲的呢? 确认一下吧!
信息传达后"能得到理解",
劝说后"能付诸行动",
让其开心,从而"获得满足"。

听　众：有哪些听众呢? 有多少人?

场　所：是在哪里进行的讲话呢?

时　间：说了多长时间呢?

道　具：演讲中使用了什么道具呢?

发表方法：是怎样进行演讲的呢?
发表者有几人? 讲话时是站着,还是坐着的呢?

怎样才称得上成功呢?

那么，既然已经明白了演讲的目的。

也就明白了在演讲结束后，怎样才能算成功吧。

能得到理解，付诸行动，得到满足。

这样就成功了吧。

如果这种事能得到理解就算是成功……

如果能付诸这样的行动就算是成功……

如果能这样想就算是成功……

感觉将其具体化之后，说话方式也会容易考虑了。

两个人都明白了啊。

真子，你可是察觉到了一件很不错的事情。

所谓"这样的话就是成功"，是指具体性的最终目标也叫做

终极目标(goal)。这与足球的球门(goal)是同一个英文单词。

希望你们尽量更具体地去思考终极目标。

哎呀，老师，我有事情想要拜托爸爸的呢。

进行演讲后是不是就能得到允许呢?

这个也要根据内容而定吧，不过试着做了肯定就会有价

值的啊。

如果雷伊的爸爸能够理解的话，没准能够获得同意呢。

真的! 那我就稍微努力一下吧!

雷伊是不是希望能够帮忙买点什么东西的呢?

啊? 你知道了?

怎么样才能称得上是成功呢?

那就是实现演讲的目标。

希望能够得到理解的是什么?

希望给予怎样的行动?

希望以什么样的心情获得满足?

等等,尽量具体地进行考虑。

演讲结束后,要思考最终希望能有一个怎样的结果哦。

当然,终极目标也并不仅限于一种。

在希望能得到什么样的"行动"时,如果很难的话,也可以采取阶段性拜托的方法。

什么是阶段性呢?

拜托里还分什么阶段?

比如说,希望爸爸能够帮忙买什么的时候,"买"就是最终目标。

但是,如果最终目标想要一下实现会很难的话,也可以在此之前,为了获得爸爸的理解而定下"一起去看看实物"等这样的目标。

雷伊,你难道真的希望能够帮忙买什么?

致各位指导者以及监护人
第 1 章 总结

总结

演讲就是，
将自己想要传达的内容向听者进行说明而进行的"发表"。
将演讲的目的进行大致分类的话，可分为：

信息传达后　　　　　"能得到理解"
劝说后　　　　　　　"能得到行动"
让其开心，从而　　　"获得满足"

等等
具体性地思考希望得到怎样的理解，怎样的行动，满足的内容等，
并将最终目标明确化。

指导要点

在第1章里，理解了什么是演讲，以及为什么要进行演讲，为了产生"能够很好地传达给对方"等心情进行指导。

说起演讲，你可能会惊讶于这个词汇，不过其实并没有什么特别的。"将自己想要传达的内容向听众进行说明"的这种能力，在以后，不管是初中、高中、大学，还是进入社会也好都是很重要的，经常会有需要演讲的场面。比如，在学校内班级中的各种发表，初中或高中报考时的面试，大学里研究课题的发表，求职找工作时的面试等，都是演讲的形式。不仅限于所谓的"站在人前发表"这种形式的演讲，即使是像面试那样坐在座位上交谈的形式，与将自己想要传达的事情进行整理后再传达给听众也是一样的。各位指导者、各位监护人在学生时代，或在工作及社区活动中，如果进行过演讲的话，来谈谈自己的经验，我觉得也会是很不错的事情。

在第7页的"试试看吧"的内容里，为了理解演讲的定义，建议回想一下到目前为止的发表经验。如果不能很好地回想起来的话，就请一边进行提问一边给予帮忙吧。如果是自己写的话，就请本人进行内容的说明吧。

当时是一种什么样的心情呢？（紧张，兴奋，因为没能很好地发表而失落，有朋友愿意倾听感觉很开心等）朋友的反应是什么样的呢？目的（为了什么）和终点（怎样才能算是成功）是什么呢？目的达成了吗？一边试着进行提问，一边听听多方面的回答吧。

谜语

在这一章里，落有我喜欢的"向日葵的种子"哦！找找看有多少吧！
→答案见第 42 页

将想要表达的事项进行整理吧

演讲时，
首先，要将目的和目标进行明确，
继而将想要传达的事项进行整理。
能不能做到呢？
你也一起思考吧。

决定主题

总算明白什么是演讲了。

嗯，是的。因为是将自己想要传达的内容向他人进行说明的"发表"，所以，决定目的和目标很重要。

根据主题、听众、场所、时间、道具、发表方法等，有各种各样的演讲呢。

我希望自己能够在他人面前很好地进行讲话。

那就实践一下试试看吧。主题是什么呢?

我的主题是，希望爸爸能帮我买狗狗!

雷伊还真是。换作是我的话……我决定在班级里针对自由研究的"我出生的城市"进行说明。

好的。决定了主题的话，那就试着思考一下听众、场所、时间、道具、发表方法吧。

为了让爸爸能够帮我买狗狗，我要在演讲上努力哦!

- 主　　题　想养狗
- 听　　众　爸爸，妈妈
- 场　　所　起居室
- 时　　间　10分钟以内(提问时间另算)
- 道　　具　电脑作成的资料
- 发表方法　看着电脑画面进行发表

我想将我出生城市的魅力传达给班级的各位。

- 主　　题　我出生的城市
- 听　　众　班主任
　　　　　　班级的各位同学
- 场　　所　教室
- 时　　间　包括提问时间 10 分钟以内
- 道　　具　在白纸上作成的资料
- 发表方法　一个人站在教室前进行发表

试试看吧！

你也想一起来试一试吗？
那就决定主题吧。

喜欢的主题就好
思考一下自己想要尝试的主题吧。

主　　题：

听　　众：

场　　所：

时　　间：

道　　具：

发表方法：

思考目的与目标

好的。来制作说明用的资料吧。

真子，你很擅长使用电脑呢。那就教教我吧。

行了，别那么着急。

在此之前，不是还有其他要思考的事项吗。

就是呢，还有演讲的目的和目标呢。

因为是为了什么而进行演讲的类型，所以结果怎样才能称得上是成功呢？

啊？原来是这样啊。

我的话，看来想让爸爸帮忙买狗狗是比较困难的了。

以前也和爸爸说过想要狗狗，但都被说"你自己不能照顾的吧"。

那我就阶段性地来思考终极目标吧。

希望爸爸妈妈能明白我想养狗狗。
然后，一定要让他们帮我买。

- 目　的　想养狗狗这件事，希望能说服爸爸妈妈，并获得允许。
- 目　标　①一起去宠物店进行事先考察；
②让他们帮我买狗狗。

试试看吧!
你的目的和目标是什么呢?
具体性地决定目的和目标吧

目　的：

目　标：

我希望班级的各位了解我所出生的城市，并且产生想去这座城市的想法。

- 目　的　理解我出生城市的魅力。
- 目　标　产生想去这座城市看看的想法。

写出想要表达的事项

决定了目的和目标后，就要制作资料了吧。

嗯……要从哪里开始制作呢。

是啊。

如果像这样的话，就不知道该从哪个地方着手会比较好，对吧。

其实，在开始制作资料之前，还有其他要做的事情哦。

哎呀！是这样的吗？

雷伊，你想要怎样告诉爸爸妈妈自己为什么想养狗狗呢？

仅仅是"想养"的话，是无法获得同意的啊。

嗯，是为什么呢……

真子呢？

关于真子出生的城市，想在班级同学面前，传达什么呢？

是哦……

有很多，不过都还没有决定呢。

我想一边做资料一边进行思考，这样不行吗？

你们两个人，都按照自己想到的顺序，试着将想要传达的事项写出来吧。

如果不将其进行整理的话，就算制作资料，也会漫无头绪。

想要传达的事项太多，话题也会变得没完没了。

确实是。就像突然在白纸上开始写东西，中途如果因为漫无头绪而又重新写过的话就会很困惑了。

虽说雷伊用电脑制作资料还算好……

不管怎样做，如果短时间内就能做出优秀资料的话，会很开心吧。

那么，一起做一下试试看吧！

进行资料制作之前，

尽可能具体地
将自己想要传达的事项写出来。

按照想到的顺序就行了吗？
虽然还没有认真地整理好自己
的想法……

整理的话可以放在后面再来做，首先要
将自己想要的事项写出来，与其用一
篇文章一直写下去，不如用"这个""那
个""还有"等词将事项分条列写出来，
后面的顺序也会更容易整理。

也可以用便利贴，在每一个页面
上写上一个事项，这样后面也很
容易整理，所以推荐哦！

原来如此！
便利贴啊。
这样的话应该没问题。

想养狗？

狗狗很可爱

每天会去散步，可以成为一项运动

和狗狗在一起后可以很安心

我约定自己来照顾

狗狗很聪明

会很疼爱它

想一起去宠物店进行事先考察

狗狗很亲近人类

自己散步时可以牵着

狗狗可以成为人类的朋友

想一起在公园里玩耍

可以成为家庭的一员

会一直珍惜

希望在我生日时买给我

希望是那种可以在家里养的小型狗狗

我出生的城市

有很多杂货店

春天时家附近散步道
的樱花很漂亮

樱花季节时
还会有彩灯装饰

用很低的价格就能
买到很可爱的文具用品

后街还有很多
咖啡屋及西餐厅

可以在附近
广阔的公园里郊游

和妈妈一起去的
咖啡馆的蛋糕很好吃

在公园吃便当
真是太棒了

很近，坐电车的话离现
在住的地方只有两站路

和家人及朋友
一起进行了很多次郊游

如果有人想去的话
我可以做导游

车站附近肉铺店
的炸肉饼很好吃

炸肉饼每个100日元，
可以当场吃

最近一个人
偶尔也会去玩

最近我想推荐
的是丸子铺

3种颜色的
御手洗丸子 每个80日元

将写出的事项进行分类

将演讲时想要传达的事项都写出来了。

接下来就要开始整理了吧。

我也使用便利贴将内容都写出来了。

写了很多啊。

还有没有其他想起来的事情呢。

也就这些了吧。

真子写的几乎全都是吃的东西啊。

因为，好吃的东西真是太多了嘛。

在这座城市里有很多店……我都想向大家介绍啊。

大概也就这样了吧。

一边整理，一边进行补充或者删除……

将说话顺序进行整理也是可以的。

该如何进行整理才会比较好呢？

认真看一下写出来的内容吧。

将看似有关联的事项进行归纳整理后，能进行几项分类呢？

看似有关联的事项？

比如说，因为有多项跟食物有关联的事项，那就可以将其归纳到"美味食物的话题"等。

那我就将便利贴进行排列，将看似有关联的事项都贴在一起，就可以了吧。

哎呀呀，怎么感觉像是智力游戏一样呢。

认真确认写出来的事项，

将有关联的事项进行整理总结，

并进行几项分类，

这些就会成为大致要说的内容。

感觉我的内容就是，城市街道里散步道的樱花、美味的食物、杂货店、公园等这些。也有一些不好分类的事项呢……

我喜欢狗狗的什么地方呢？想要怎样的狗狗？如果饲养的话该怎么办呢？希望什么时候买给我？等等。我也因为有些难以分类而发愁啊！

总之，也可以将无法进行分类的事项事先区别出来。
那么，接下来试着排列一下吧。

如果不管怎样做都无法很好地进行分类时，可以试着改变分类的方法，这样或许会比较好。

想养狗

喜欢狗狗的什么地方呢

狗狗很可爱

和狗狗在一起后
会很安心

狗狗很聪明

狗狗很亲近人类

狗狗可以成为人类的朋友

可以成为家庭的一员

每天会去散步,
可以成为一项运动

"喜欢狗狗的什么地方","如果饲养的话该怎样做"等,像这样进行标题分类后,就很容易理解了吧。

如果饲养的话该怎样做呢

会很疼爱它

会一直珍惜它

自己散步时会牵着

想一起在公园里玩耍

我约定
自己来照顾

想要什么样的狗狗呢

希望是那种可以在家里
养的小型狗狗

希望什么时候能买给我

希望在我生日时
买给我

对爸爸的请求

想一起去宠物店
进行事先考察

我出生的城市

散步道的樱花

春天时家附近散步道
的樱花很漂亮

樱花季节时
还会有彩灯装饰

虽说在公园里吃便当
也很美味，不过这里
毕竟是公园！

美味的食物

还有很多
咖啡屋及西餐厅

和妈妈一起去的
咖啡馆的蛋糕很好吃

车站附近肉铺店
的炸肉饼很好吃

炸肉饼每个 100 日元，
可以当场吃

最近我想推荐的
是丸子铺

3 种颜色的御手洗丸子
每个 80 日元

街道的位置

很近，从现在住的地方，
坐电车只有两站路

公园

可以在附近
广阔的公园里郊游

在公园吃便当
真是太棒了

和家人及朋友
一起进行了很多次郊游

杂货店

有很多杂货店

用很低的价格就能
买到很可爱的文具用品

其他

如果有人想去的话
我可以做导游

最近一个人
偶尔也会去玩

你想传达什么内容呢？
将想传达的事情写出来吧！

尽可能地将你想传达的事项都写出来！
如果有便利贴的话，也可以使用便利贴哦♪

试试看吧!

你想传达什么内容呢?
将写出来的事项进行分类吧!

一边确认写出来的事项,一边参照雷伊与真子的方法,将事项进行分类吧!

制作情节

那么，这下总算是将想要说的事项分了类。

嗯，那接下来只要考虑顺序就可以了吗？

是的。

现在也只是将自己想要传达的事项进行了整理，但到底该怎样说呢，流程也必须要考虑。

流程？

也就是说话流程。

什么内容，按照怎样的顺序？

该怎样说的意思。

这个也称为"情节"。

哦。

那该怎样来思考情节呢？

到底怎样的事项情节才好呢？

虽然根据演讲目的与内容是会有所不同，不过，现在我就来告诉雷伊及真子两种简单易懂且又是最基本的情节吧。

无论是谁，立即就能掌握的魔法情节。

魔法情节？

感觉好激动哦！

我也能一学就会吗？

只要能掌握接下来说明的"可以说服的魔法情节"及"可以理解的魔法情节"，基本上就比较完美了。

说话流程也称为"事项情节"。

思考说话流程，
考虑该怎样传达才比较让人容易理解呢。

说话流程啊……
难道"ストーリー"也是英语?

没错，"ストーリー"就是英语里的"story"。
也是"故事""说话流程"的意思。
并不是仅将要传达的事项进行排列后就乱哄哄地进行
传达，而是为了让听者能够明白，将内容进行整理后，
简单易懂地进行说明。
能够说服(他人)的演讲，能够将信息进行传达的演讲，
不管是哪种演讲，其中都有基本的模式。
这就是，魔法情节!

怎样做才能让听众更容
易听懂呢……

那现在就告诉你们**能够说服（他人）的魔法情节**吧！

结论→主题的部分很重要哦！

开端寒暄
- 传达名字。
- 传达演讲的主题。

结论
我是……想的。
- 先说出在今天的演讲上**想要传达的结论**。

理由
为什么呢？因为……
- **站在听者的立场以听者能接受为目的**，进行结论**理由**的说明。

追加内容
（针对有疑问事项的对应）
具体的话……
- 理由之外，如果**听者有什么疑问**事项的话，追加详细的说明。

结论（确认）
因为，我是……想的。
- 最后再进行一次**结论**的确认。**说出对听者的期望**。
- ＊确认就是，为了安全起见再重复说一次的意思。

结尾寒暄
- 对倾听演讲的各位，表达**感谢**。

让我来告诉你一个可以理解的魔法情节吧，诀窍就是抓住 3 个要点。

开端寒暄

- 传达名字。
- 传达演讲的主题。

3 个要点
要点有 3 个
……和……和……

- 先说出在今天的演讲上想要传达的结论。

首先
第一段话

接下来
第二段话

最后
第三段话

- 站在听者的立场以听者能接受为目的，进行结论理由的说明。

追加内容
（针对有疑问事项的应对）
具体的话……

- 理由之外，如果听者有什么疑问事项的话，追加详细的说明。

结论（确认）
因为，我是……想的。

- 最后再进行一次结论的确认。说出对听者的期望。
- *确认就是，为了安全起见再重复说一次的意思。

结尾寒暄

- 对倾听演讲的各位，表达感谢。

以听者的立场进行思考

🧒 **魔法情节**啊！如果对照这个的话那就会比较简单了。

🧑‍🦳 是的。

要点就是，并不仅仅是叙说自己想说的事情，而是站在"**听者的立场**"进行思考的意思。

魔法情节里，"**听者的……**""**向听者……**"这样的语言是会多次出现的呢。

👧 仅仅表达自己想说的事情……？

难道这样不可以吗？

🧑‍🦳 如果只是聊天的话是可以的。

但是，演讲是带有**目的**和**目标**的吧。

真子的**目的**与**目标**是什么呢？

👧 目标就是要让别人理解我出生的城市的魅力，目的就是，让大家产生想去看一看的想法。

🧑‍🦳 是的呢。

也就是说，让班级上的各位能够理解到这个城市的魅力，并因此产生想去的想法，对吧。

🧒 嗯，总感觉好难哦。

如果是我的话，我就是希望爸爸妈妈能够同意我养狗狗的事情。

🧑‍🦳 没错。

👧 那该怎么做才好呢？

为了达到目的并实现目标，

并不是随心所欲地说出自己想说的话，

而是从听者的立场进行思考、

对听者来说是容易理解的、

对听者来说是可以接受的、

以此作为事项情节。

听者想要知道的事项，

认为有道理的事项，

听者可能有疑问的事项……

从听者的立场进行思考吧。

现下的信息是否已经足够了呢？

一边从听者的立场进行思考，

一边制作魔法情节吧。

如果想让大家产生想去的想法的话，我就必须要将简单易去的方式进行说明，这样可能会比较好。如果坐电车去的话可能会认为比较麻烦。

我写的全都是自己想要饲养的理由，

而能让爸爸妈妈也产生想要养的念头的信息

好像有些不足……

后面，可能会被问"如果让你自己照顾的话，

打算怎么做呢？"

我所进行的是"说服"的演讲，所以我要使用 能说服的魔法情节，来考虑事项情节！

开端寒暄

内容

结论

想养狗
本书第 22 页整理的"想养什么样的狗狗"
在家里也能够养的小型狗狗

理由

1. 很喜欢狗狗
第 22 页整理的"喜欢狗狗的哪些方面"
2. 学习生命的宝贵
3. 有益于全家人的身体健康

追加信息

会认真地自己照顾
第 22 页整理的"如果饲养的话该怎么做呢"
具体说明自己会怎样认真照顾

结论
（确认）

想养狗
第 22 页整理的"希望什么时候买到呢"
希望在我生日的时候买给我
想一起先去宠物店进行事先考察

结尾寒暄

试着对照魔法情节，站在听众的角度思考，重新审视一下什么是必要的信息，这些信息有没有不足呢？

以听者立场进行思考后……

结论就是"想养狗"。
正如在便利贴上写的一样，
说明希望饲养在家里也能养的小型狗狗。

我想养狗的理由就是"非常喜欢狗狗"。
以爸爸妈妈的立场进行考虑的话，通过饲养狗狗，我能成为一个明白生命宝贵的人，这样爸爸妈妈应该会比较开心。而且与狗狗散步还对健康有益。
因此也将"可以学习生命的宝贵""有益于全家人身体健康"等信息追加进来吧。

追加的信息是"自己认真地照顾"。
以爸爸妈妈的立场进行考虑的话，可能会认为"自己认真地照顾"到底是怎么样的？可能会担心我真的能做到吗？
将学习饲养方法、每天带去散步、自己的事情自己做等这些进行追加说明吧。

最后再请求一次"想养狗"。
虽然最终目标是希望爸爸妈妈能帮我买狗狗，但是因为可能无法立刻就得到允许，所以，首先向爸爸请求先一起去宠物店进行事先考察吧！

因为我进行的是"信息传达"的演讲，所以我来对照可以理解的魔法情节吧！包括追加信息部分，都以班级同学的立场，来进行思考吧！

开端寒暄　内容

3 项要点
美丽的地方
美味的食物
可爱的杂货

第一段话
第二段话
第三段话
1. 美丽的地方
第 23 页整理的"散步道的樱花""公园"
2. 美味的食物
第 23 页整理的"好吃的东西"
3. 可爱的杂货
第 23 页整理的"杂货铺"

追加信息
去往城市的方法
第 23 页整理的"街道的位置"
骑自行车的话 15 分钟就可以到达

总结
美丽的地方
美味的食物
可爱的杂货
要一起去吗？

结尾寒暄

试着对照魔法情节后，站在听众的角度思考，重新审视一下什么是必要的信息，另外，信息有没有不足呢？

以听者立场进行思考后……

对用仿造纸写出来的事项进行分类后，虽然有很多种类，但如果要将其总结成三个的话，那就是"美丽的地方""美味的食物""可爱的杂货"。

"美丽的地方"就是"散步道的樱花""公园"。
"美味的食物"，白纸上写出的信息虽然有很多，但是就选用小孩子可以买到的炸肉饼和丸子的话题吧。
"可爱的杂货"，有很多杂货店，我就针对花很少钱就能买到很可爱的杂货的杂货铺进行说明吧。

想让他们产生去的想法的话，就必须要说明"去城市的方法"才行！
虽然在白纸上写了，从现在住的城市乘电车只有2站路这样的信息，但从班级同学的立场来考虑的话，特意坐电车去的话稍微有点……还是说明骑自行车只需花费15分钟可能会比较好。

最后再确认一次三项要点。
接下来可以说，如果哪位真的很想去的话，自己可以做导游，一起去好吗？等等。

展示证据与具体事例

那么，现在明白事项情节的制作方法了吧！

嗯。将自己写出来的想要传达的事项放在**魔法情节**里进行对照确认。

接下来，**以听者的立场进行思考**，确认还有没有哪些信息不足，继而进行修正。

是的，这样的话就比较容易被理解了。

另外，为了获得理解还有没有什么办法呢？

我觉得在我的演讲中**展示实物应该会是最好的**……光是在嘴上说樱花很漂亮，但如果没看到实物的话，应该还是不直观的吧！

我也是，想养什么样的狗狗呢？

虽然无法把真实的狗狗牵过去，但是如果看了照片，好像会更容易被理解。

为了让爸爸妈妈相信我是真的会自己认真进行照顾，我必须要将我的真诚展示出来。

是的。

将**证据**与**具体事例**进行展示后，会更容易获得理解哦。

制作事项情节时，也请一并考虑在哪个位置，要展示怎样的**证据**与**具体事例**。

对照使用**魔法情节**，**以听者立场进行思考**，考虑在哪个位置展示怎样的**证据**与**具体事例**。

是的。就这样，情节就完成了。

为了获得听者的理解，
要展示证据及具体的事例。

比如，实物，实物的照片及视频，
自己实际进行过的试验结果，
书以及在网络上调查的信息，
政府机关及值得信赖的公司发表的信息等。

将信息来源明确后，使用值得信赖的信息。

并不是说展示的证据与具体事例越多效果就会越好，要根据情节，认真地思考，在哪个位置，展示什么样的证据与具体事例才会有效果？
演讲是有时间限制的，所以请注意不要过多（展示证据与具体事例）。

证据与具体的事例，都必须是值得信赖的信息，这点是非常重要的哦！
特别要注意网络上的信息。
如果是陌生人的网址，请不要立即就相信。
*政府机关及值得信赖的公司的信息等，都请先在各个网页上进行调查吧！

*政府机关也就是，国家或者县区，市区乡镇等地区的行政机关。

在我的演讲上，该在哪个位置加上怎样的信息才能够获得理解呢？

开端寒暄

	内容	证据·具体事例
结论	想养狗 "想要什么样的狗狗" 在家里也能够养的小型狗狗	● 想要的狗狗品种的特征 ● 狗狗的照片
理由	1. 很喜欢狗狗 "喜欢狗狗的哪些方面" 2. 学习生命的宝贵 3. 有益于全家人的身体健康	● 狗狗的照片 ● 狗狗的寿命及使其一生都幸福的觉悟 ● 步行 15 分钟消耗的卡路里
追加信息	会认真地自己照顾 "如果饲养的话该怎么做呢" 学习狗狗的饲养方法 每天带去散步 周边的事情自己做	● 饲养方法的学习 ● 什么时间带狗狗去散步 ● 具体的照顾狗狗的内容
结论 （确认）	想养狗 "希望什么时候买呢" 想一起先去宠物店 进行事先考察	（该位置无内容）

结尾寒暄

我的演讲上，该在什么位置追加什么信息才能被理解呢？

开端寒暄	内容	证据·具体事例
3 项要点	美丽的地方 美味的食物 可爱的杂货	（该位置无内容）
第一段话 **第二段话** **第三段话**	1. 美丽的地方 "散步道的樱花""公园" 2. 美味的食物 （好吃的东西） 3. 可爱的杂货 （杂货铺）	● 樱花照片和被选为市里樱花名胜地的话题 ● 公园的照片 ● 炸肉饼及丸子的照片 ● 杂货的照片 ● 杂货铺的数量及与现居住城市的比较
追加信息	去往城市的方法 "城市的位置" 自行车的话 15 分钟就可以到达	● 街道的样子 （坡很少，骑车很轻松）
总结	美丽的地方 美味的食物 可爱的杂货 要一起去吗？	（该位置无内容）
结尾寒暄		

试试看吧！

对照能够说明的魔法情节，
来决定你的事项情节吧。

进行说服类的演讲时，
试着对照使用"可以说服的魔法情节"吧！

开端寒暄

内容　　　　　　　　　　　证据·具体事例

结论

理由

追加信息

结论
（确认）

结尾寒暄

试试看吧！

对照可以理解的魔法情节，
来决定你的事项情节吧！

进行情报传达的演讲时，
试着对照使用"可以理解的魔法情节"吧！

开端寒暄	内容	证据·具体事例
3 项要点		
第一段话 第二段话 第三段话		
追加信息		
总结		
结尾寒暄		

致各位指导者以及监护人
第 2 章 总结

总结

决定了演讲的主题后，再将目的与目标明确下来，
继而将自己想要传达的事项进行整理。

① 将想到的想要传达的事项写出来；
② 将写出来的事项进行分类；
③ 一边站在听者的立场进行思考，一边决定说话（事项情节）的流程；
④ 为了获得听者的理解，可以将证据与具体的事例添加进来。

指导要点

  在第 2 章里，针对自己想要传达的事项进行整理，并在理解了该如何决定情节流程的基础上，站在"听者的立场"进行思考，对听众是否能够理解、是否会接受等事项进行指导。

  将想要传达的事项进行整理后决定事项情节，这个即使对大人来说也会是很难的事情。当孩子正在将脑海中浮现的各种各样的事情进行整理时，请不要干预，要注意营造一种温暖的氛围，以便孩子可以自己慢慢地进行自由思考，只有当孩子因困惑而停下手中的动作时，再进行援助性指导吧。

  在本书第 24~25 页的"试试看吧"上，准备许多便利贴及切成小块的纸片，将脑海里所想的事项写出来后进行分类，实际尝试后也很不错吧！

  本书第 40~41 页的"试试看吧"里，情节的决定是最重要的一项，请多花些时间认真地进行决定。虽然"可以理解的魔法情节"里并没有将要点限制在 3 个，但是"3 个"是在心理上容易接受、容易留在脑海里的范围，如果太多的话记忆就会变淡，所以进行指导时请将要点总结在 3 个左右。

  当写出了最初的数张时，为了后续更容易分类，请确认是否每一张只写有一件事。如果写不出来的话，可以提问与已经写出来的内容有关联的一些问题，帮助看看能否再想到可以追加的内容。如果看似因为分类而困惑的话，可以问一下是以怎样的观点在进行分类等，帮助孩子进行整理。从大人的角度来看，可能也有"用这样的方法会更容易理解"的情况，但是自己进行思考后再整理的这种训练是非常重要的，所以请注意不要帮助得太多。

  在思考情节、加入证据及具体事例时，在"以听者角度"来看时，如果有哪些地方自己认为有些不足时，可以用"如果你是听者（班级的朋友，老师等），会怎样想呢？"等这样的方式询问。

谜语

在这个章节里，你察觉到有很多个地方都滚着我经常玩的球了吗？将球上写的文字进行排列后就是真子非常喜欢的东西哦。猜猜看吧！
→答案见第 72 页

第 1 章答案 5 个（第 2、3、6、7、9 页）

制作演讲资料

情节决定好后，
就开始制作演讲资料吧。
制作时有多种方法，
既可以使用电脑，
也可以使用白纸。

准备道具及信息

情节决定好后，终于就要开始进行资料制作了。

因为针对中途要进行展示的证据及具体事例已进行了思考，所以，要做成怎样的资料，也已经在大脑里有了一个清晰的印象。

是的呢！

那么，接下来就赶紧着手准备收集必要的道具及信息吧。雷伊是用电脑来进行资料制作的吧。

是的。我想使用 *PowerPoint 来制作资料，已经和爸爸约定好要借用爸爸的电脑。

这样的话道具也就 OK 了。那必要的信息呢？

想养的种类，狗狗的寿命，15 分钟步行时消耗的卡路里，照料的方法等，都还必须要进行详细的调查才行。

另外，还要准备照片。不过，我想养的狗狗正好有位朋友也在养，所以打算向他借照片。

真子呢，是用仿造纸在制作资料的吧。有必要准备的道具是什么呢？

仿造纸、笔、色纸、双面胶、剪刀、尺子，及为了不弄脏桌子而使用的旧报纸等。

必要的信息是什么呢？

樱花、公园、炸肉饼、丸子、杂货、去的时候道路的照片等这些都需要。另外，杂货店的数量有多少也想进行调查，不过这个必须拿着相机去才行。

* 所谓 PowerPoint，就是利用电脑，将资料做成像连环画一样，一边翻页一边进行说明的工作软件。

情节决定好后，

准备必要的道具及信息。

情报可以通过书籍进行查找，

也可以在网络上进行搜索，

或者自己去进行实际取材确认等方式来进行收集。

我要准备的道具及信息就是这些哦！

● 准备的道具　安装了 PowerPoint 软件的电脑

● 收集的信息　狗狗的照片，想养的狗狗的种类，狗狗的寿命，步行 15 分钟消耗的卡路里，照料的方法

我要准备的道具及信息就是这些哦！

● 准备的道具　仿造纸、笔、色纸、双面胶、剪刀、尺子、旧报纸

● 收集的信息　樱花、公园、炸肉饼、丸子、杂货、去的时候道路的照片、出生城市与现居地的杂货店的数量照

决定版面布局及设计

工具及信息都已经准备好了，正准备在仿造纸上开始写的时候……

突然问道："老师，要写得好，诀窍是什么呢？"

虽然方法有很多种，不过，首先，将整体的 **版面布局** 及 **设计** 决定好就行了。

整体的版面布局及设计？

版面布局 的意思就是，要在页面的 **哪个位置写什么**，也就是布置的意思。

雷伊用 PowerPoint 来制作资料，所以那就会像连环画一样，一边翻页一边进行说明的吧。因此，要考虑该如何使用一个页面。

我是在一页仿造纸上来进行编写的，因此也就是说要考虑在仿造纸的什么位置写什么的意思，对吧。

没错，就是这个意思。

设计 方面要使用怎样的形式及颜色，就是所谓的 **表现形式**。特别是，根据使用的颜色不同，给人带来的印象也会随之不同，资料的易懂程度也会随其变化，所以颜色要好好思考后再决定。

哎——！感觉好像很难……

迄今为止，我还从来没想过那样的问题。

实际做起来的话，也是很简单的哦。

只需注意一些小细节，资料就会变得更有品位又简单易懂，一起思考一下吧。

所谓**版面布局**就是，

决定哪个位置需要写什么的意思。

标题、文章、照片的位置，

如果是制作多页资料时，

先大致决定好**页码的位置等**信息。

像雷伊那样使用 PowerPoint 制作多页资料时，如果各页面的**版面布局**不统一的话，会让人很难理解。

所谓**设计**就是，

要使用**怎样的形式及颜色**

是一种**表现形式**。

在写标题、文章、重要内容等信息时，

为了让听众容易理解，

要想办法将各种形式及颜色统一起来。

"重要内容用红色字体"等，
自己来决定配置规则。

版面布局的决定方法

【制作多页面时（使用 PowerPoint 时）】

将整体共同的规则进行统一后，就会很容易理解了吧。

例

标题

说明内容

（文章或照片等）

日期　　　　页码编号

先大致决定好要在仿造纸的什么位置写什么后，再开始进行编写。

【只有 1 个页面时（使用仿造纸等）】

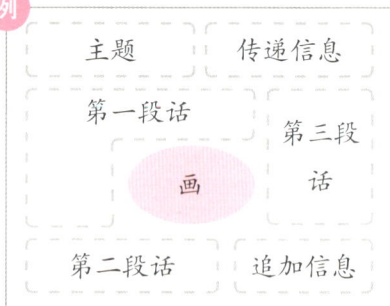

例

主题　　　　传递信息

第一段话　　　第三段

画　　　话

第二段话　　追加信息

试试看吧！

你的资料要怎么做呢？
决定版面布局吧。

你的资料要做怎样的版面布局呢？

用多页资料来进行说明的话，先决定好整体共同的规则吧。

仅用 1 页资料来进行说明时，想好在这一页面的什么位置写什么。为了不出现内容写不完或是信息不足留下空白位置等，可以先将大致位置进行规划后再开始编写哦。

颜色使用规则的决定方法：

除了插图和照片以外，决定 3 种要使用的颜色。

整体使用的颜色，
接下来要使用的颜色，
想要在显眼位置使用的颜色。

可以先考虑一下，希望听者在看到资料时可能产生一种怎样的感觉后，再来决定整体使用的颜色以及接下来要使用的颜色比较好。

比如，橙色和黄色给人一种温暖、活泼的感觉。
蓝色和水色则让人感觉平静。
想要在显眼位置使用的颜色，就选用与其他位置完全不同的颜色。

试试看吧！
你的资料要怎么做呢？
决定好颜色的使用规则吧。

你的资料要使用怎样的颜色呢？
先思考想给予听众一种怎样的感觉，再选择几种颜色吧。当然，也并不是说除此之外的颜色就不可以使用哦。

我的资料中，标题都会放在页面上方，页码则会放在右下方。重要的事项，我会尽可能地在浅绿色的边框中进行编写。

标题编写位置

重要事项编写位置

说明内容编写位置

①

各个页面完全不一样也是可以的哦。如果有多个重要事项要写的话，可以把边框放大，即使整个页面都是说明内容也没关系。

标题编写位置

重要事项编写位置

说明内容编写位置

标题编写位置

说明内容编写位置

【雷伊决定的颜色使用规则】

● 整体使用的颜色　　　　　绿色

● 接下来要使用的颜色　　　黄色

● 想要在显眼位置使用的颜色　红色

※ 如果在电脑上使用 PowerPoint 等软件制作资料的话，就可以很简单地进行颜色调整了。就算是同样的绿色，也可以根据需要区分使用深绿色或浅绿色。

我在粉色的仿造纸上编写了主题及标题，并和说明用的照片一起放了进去。这样的版面布局可以吗？
然后还准备在正中间画上地图。

自由研究

我出生的城市

很漂亮的地方

你也要和我一起去玩吗？

可爱的杂货

通往城市的方向

美味的食物

【真子决定的颜色使用规则】

- 整体使用的颜色　　　　　　粉色
- 接下来使用的颜色　　　　　奶油色
- 想要在显眼位置使用的颜色　荧光粉色

写文章

版面布局及要使用的颜色规则也定下来了，接下来就要沿着事项情节进行内容编写了。

也请老师把写文章的诀窍告诉我们！

想要得到听众理解的话，那就要掌握 3 个要点哦！
那就是 正确 地写，简洁 地写，易懂 地写。

正确啊？我有时嫌麻烦，没有调查清楚就直接写了，写到后面就会写错。

我曾被人说过，一篇文章太长了让人难以理解。

这么说来，自己曾拼命地聊着自己喜欢的一款游戏，但是却完全得不到理解。

MP 什么的……？我完全不懂。

MP 就是魔法的力量啊，这不是常识吗？

可是，我根本不玩那样的游戏嘛。

在制作演讲用的说明资料时，也要站在 听众的立场 进行考虑。

如果文章太长理解起来很花时间，那么一下子就没有往下读的心思了。要是再出现 专业术语、缩略语 的话，就更加让人难以理解了。

如果出现不理解的词，就会一直想着这个问题，而无法集中精力，是吗？"MP"就是"Magic Point"及"Magic Power"的 缩略语，我以为大家都知道呢。不过确实是，也只有对这个比较了解的人才会明白这个意思。

那如果要使用专业用语、缩略语时该怎么办才好呢？

正确地写

- 名字
- 数字或金额
- 汉字或英语

信息一定要准确哦!

事物的名字,人名,地名,数字,价格等,如果写错的话就起不到什么作用,汉字或英语写错的话也会感觉很难为情。

一篇文章太长的话就没有往下读的心思了。

"但是……","因为……",等,如果没有标点而一直写下去的话,文章就会变得越来越长!

简单明了地写

- 一篇文章简短地写
- 分条列举
- 体言结尾

分条列出及用体言结尾会不会很难呢?那么,在接下来的第55~56页来进行说明吧!

使用专业术语及缩略语时,还是有必要进行说明的哦!见第57页的举例说明吧!

简单易懂地写

- 注意专业术语及缩略语

什么是正确地写？

信息一定要正确地写，也就是名字、数字、金额、汉字、英语等都不能有错，更不要使用模棱两可的语言，要写出具体的事情才行。

【不好的例子】

在我出生的城市里，比现在住的城市
多了很多杂货店。
刚炸好的炸肉饼非常便宜。
大概 100 日元左右。
因为很受欢迎，所以好像到傍晚就卖光了。

【好的例子】

从车站开始步行 5 分钟以内的杂货店，
在我出生的风之森市有 7 家，现住的花之丘市有 2 家。
刚炸好的炸肉饼每个 100 日元。
因为很受欢迎，所以傍晚 4 点左右就卖光了。

"很多""非常"
"大致""大约"
"大概""好像"等，这样的用语会让说明变得很含糊吧。

告诉你**分条列举的**决窍吧。

分条列举也就是指在针对多个要点进行说明时，在行列开头先进行编号或记号标识的一种排列编写方法。开头如果有顺序的话就进行编号，没有顺序的话就用符号吧。

【不好的例子】

我的约定
调查学习网络上的饲养方法
每天早起 30 分钟到处走走
每晚，睡前把牙刷了
周末，把澡洗了

不好的例子里，开端没有编号及符号，结尾时用"走走""洗了"等这样的接续词会让人感觉很凌乱。

正确的例子，开端都会用上这样的符号，在文章的最后也全部是以"敬体"来进行结尾的。

【好的例子】

我的约定
● 先学习网络上的饲养方法之后再开始饲养
● 每天，早起 30 分钟去散步
● 每天，睡觉前要刷牙
● 周末，要洗澡

什么是体言结尾？

（注：本页内容涉及日语语法知识，国内读者可以跳过。）

和普通的文章不同，这是一种使用"这个，那个，物品，事物"等来代替人名或事物名称进行结尾的一种编写方式。用体言结尾时，就算是很简短的语言也能够清楚地进行说明。

【普通文章的例子】

美丽的地方

● 散步道的樱花
并排的樱花树被选为樱花名胜的第 5 名

夜晚也很漂亮哦

文章虽然也不错，但是稍微长了一点儿。

● 风之森公园
可以在广阔的草坪上和家人朋友一起郊游
在公园里吃便当真是太棒了

还能和小狗一起散步

【用体言结尾写的例子】

美丽的地方

● 散步道的樱花
被选为樱花名胜地第5名的并排樱花树

夜晚也很漂亮哦

用体言结尾后，感觉特别简洁！

● 风之森公园
在广阔的草坪上和家人朋友一起郊游
在公园里吃便当真是太棒了

还能和小狗一起散步

使用专业术语、缩略语

如果能避免使用专业术语及缩略语时就尽量改用通俗语言来进行说明会比较好。如果一定要使用的话，就在资料里作为注意事项进行说明吧。

参考：我思考的散步路线

公园

休息日就在公园里玩（有溜狗场地※）

家

转一圈 15 分钟

溜狗场地也就是围绕樱花而建的一圈供狗狗玩的场地，在那里可以自由运动。

10

因为"溜狗场地"是专业术语，所以在最下方标注："溜狗场地也就是围绕樱花而建的一圈供狗狗玩的场地，在那里可以自由运动。"像这样用小号字体来进行说明吧。

画上画或图

果不其然，如果只有文字的话，感觉过于简洁从而显得有些单调了啊。

是的呢。我打算在仿造纸的正中间画上简易的地图呢。因为公园、樱花树、杂货店的位置很难用文字来说明。

我也在散步路线上画了地图。觉得这样会更容易让爸爸妈妈联想到。

这真是个好主意。绘画和图会让人更容易理解呢。

绘画和图不一样吗？

不用想得太复杂了。绘画就是传达具体的印象，图就是将自己想要传达的事情进行简单易懂的整理，使其显而易见。不管是哪一种，都是在用文字难以表达的时候才使用的一种方式哦。

因为地图就是地形图，与其说是画，不如说是图。但并不是直接就画上家、道路、公园之类的，而是将其整理后使其简单易懂。

原来如此。我呢，如果没有照片的时候可能就会绘画吧。用了绘画后，更容易得到他人的理解，感觉很开心！

想让大家看到**与实物相近的东西，**

没有照片的时候，就用**绘画**吧。

> 如果没有准备自行车照片的话，就试着画画吧♪

去往城市的方法

- 电车
  从花之丘站开始
  单程票价150日元

> 坡很少，骑起来很轻松

- 自行车
  单程15分钟

美丽的地方

- 散步道的樱花
  被选为樱花名胜地第5名的并排樱花树

> 夜晚也很漂亮哦

- 风之森公园
  在广阔的草坪上和家人朋友一起郊游
  在公园里吃便当真是太棒了

> 还能和小狗一起散步

> 虽然有樱花的照片，但如果将花进行绘画的话，可能就会更漂亮了！

将眼睛看不见的，
或是想要传达的信息进行整理，
使其简单易懂时使用的是图。

我会在仿造纸的正中间画上地图，然后再将店及公园的位置进行说明。

公园

风之森车站

我也是，为了能够清楚地说明参考路线而画了地图。

公园

休息日就在公园里玩（有溜狗场地）

家

转一圈 15 分钟

这仅仅是将内容进行分条列举，但是如果用四角形将内容框进来的话，也会成为吸引观众眼球的一个焦点哦。

在雷伊的资料里有狗的年龄和人类的年龄相比较的地方，这个位置，如果能用图来表示的话就可以简单易懂了。

想养狗的理由

- 非常喜欢狗
- 学习生命的宝贵
- 有益于全家人的身体健康

2

一眼看上去，就能够明白了呢！

参考：狗的寿命

大约可以生存10~15年

与人类年龄相比较的话……？

| 0 | 10 | 20 | 30 | 40 | 50 | 60 | 70 | 80 岁 |

0   2   5   7   12 15

狗的两岁相当于高中2~3年级人的年龄

狗的5岁相当于40岁的叔叔、阿姨

狗的7岁相当于60~70岁的老年人

7

贴照片

喂，真子，你看这个，好可爱吧！

哇！真的，好可爱哦♪

这是小郁家的"修格"吗？

这是娜娜家的"小鸟"吧！

我拜托了他们两个人，拿到了照片。

看到了这个之后，爸爸妈妈肯定也会想养了。

真的好可爱。

用照片来体现实物的话，也比较有说服力哦。

如果有照片的话，请一定要放进资料里。

如果有动画的话，效果就更佳了。

我也拿着照相机去取材了。

你看，樱花的照片，还有炸肉饼和丸子。

嗯，炸肉饼好好吃哦！

雷伊也一起去了吧。

雷伊帮我拍照片，还帮忙数了店的数量，可帮了我大忙。

并排的樱花树也很漂亮吧。

连老师也都想去看一下了。

用照片来体现实物的话，比用语言说明要容易理解得多。

但是，拍照也是相当难的哟。

靠近炸肉饼和丸子进行放大拍照，没想到这么困难，重拍了好多次呢。

拍好后的照片，是可以进行大小及形状修改的哦。

使用照片后，

一眼看上去立即就能够明白。

比起用语言说明，能够更具体地进行传达。

使用照片的时候，也要考虑一下照片的大小。为了让观众更容易看到，将照片进行大幅度的放大，或是把不必要的部分裁剪掉，只要稍微下点功夫就会有更佳的效果哦。

【裁剪前的照片】

这样做的话，可爱程度的提升就非常明显了吧♪
要想把照片放大一点，可以请求照相馆进行操作，也可在电脑打印时进行加工。
想要尝试做的话，就和老师或者家里的人商量一下吧。

【放大裁剪后的照片】

完成后请他人帮忙确认

好了，现在就基本完成了。

我的也做好了哦♪

感觉做得还行。

哪个？

啊，挺不错的嘛♪

有很多照片也会很容易理解。

标题也很醒目。

雷伊，你的也让我看一下，做得好不好呢？

好啊。

你看！就是这样子的。

在版面布局、式样、颜色等上面下了功夫后制作出的资料果然不一样。

简单易懂、看上去也很漂亮♪

……啊！雷伊，这里，这个字写错了哦。

啊？还真的是写错了，谢谢。

必须要马上修正才行。

你们是在相互确认吗？挺好的。

资料完成后，请一定在发表前交给他人帮忙确认一遍。

制作者本人难以理解的位置及难以察觉的错误，拜托他人帮忙确认一遍，会比较好哦。

老师您也能帮我们检查一遍吗？

当然可以。你们两个的都给我看看吧。

资料完成后，语言、汉字、英语等，

有没有错误，

字体颜色、大小是否容易辨识，

可以拜托他人帮忙确认。

如果出现错误以及不易看见的位置就进行修正。

自己就算再怎么检查，
也很难察觉到错误吧。

做好后，我来帮你检查吧♪
在封面的最后一页就是想要养
宠物狗的结论。

【雷伊完成的例子】

想养狗

我的愿望

我想养狗

在家里也能饲养的小狗

例：小皮卡

例：博美犬

1

想养狗的理由

非常喜欢狗

学习生命的宝贵

有益于全家人的身体健康

2

理由有3个，
首先在这个页面上进行
列举，详细说明会放在
后面哦。

从这里开始接下来的3页内容
就是针对"喜欢狗"的理由进
行详细说明。
因为有照片，所以很容易理解。

理由1：非常喜欢狗

总之，很可爱。

3

真的，
很可爱呢♪♪

理由1：非常喜欢狗

很聪明又很亲近人，
可以成为朋友或家人。

早上会来
叫我起床

4

这张照片也很不错吧♪

理由1：喜欢狗

让人**放松**，被治愈。

睡觉　　毛茸茸，软绵绵

5

理由2：学习生命的宝贵

养狗就意味着对
狗的一生都担有责任。

狗大概能存活10~15年，
虽然有些事情一个人是无法完成的，
但我想让成为我宠物的
小狗**一生都幸福**。

6

从这里开始要针对理由的
第二项"**学习生命的宝贵**"
进行说明。
重要的语言用了比较大的
文字来提示，这样也会比
较引人注目。

参考：狗的寿命

大约可以生存10~15年

与人类年龄相比较的话……？

| 0 | 10 | 20 | 30 | 40 | 50 | 60 | 70 | 80 岁 |

| 0 | 2 | | 5 | | 7 | | 12 | 15 |

| 狗的两岁相当于高中2~3年级人的年龄 | 狗的5岁相当于40岁的叔叔、阿姨 | 狗的7岁相当于60~70岁的老年人 |

7

参考信息处写上"**参考**"
字样的话，就很容易区
分出来了。

理由3：有益于全家人的身体健康

散步或是在公园里玩，
都会成为一项很好的**运动**。

快走的话，15分钟大概
能消耗40卡路里（体重50kg时）
虽然直接消耗的卡路里很少，
但是运动后可以使身体不易发胖。

8

这里开始对理由的第三项"**有益于全家人的身体健康**"进行说明。
多亏了有照片，更容易给人带来印象。

理由3：有益于全家人的身体健康

爸爸妈妈，要不要偶尔
也和我们一起去**散步**呢？

9

这个也是**参考信息**呢！

参考：我思考的散步路线

公园

休息日就在公园里玩
（有溜狗场地😊）

家

转一圈15分钟

溜狗场地也就是围绕樱花而建的一圈供狗狗玩的场地。在那里可以自由运动

10

因为这项追加信息，爸爸、妈妈肯定就能安心了吧。

如果可以饲养的话……

我约定自己来照顾

我的约定
- 先学习网络上的饲养方法之后再开始饲养。
- 每天，早起30分钟去散步。
- 每天，睡觉前要刷牙。
- 周末，要洗澡。

11

我的愿望

我想养狗。

拜托在下次生日时买给我。

12

最后进行结论总结，结尾寒暄后就结束了♪
那么，也来看看真子的吧！

结尾

感谢一直倾听到最后。

如果有疑问的话请提问。

13

你也要和我一起去玩吗?

我出生的城市

自由研究

可爱的杂货

杂货店
从车站走路5分钟以内的杂货店
在风之森有7家、花之丘有7家
（马可、雷伊的调查结果）
我经常去的明里之屋杂货店
里也会放有一些小零件盒

大：150日元
小：100日元

想要很多

通往城市的方向

电车
从花之丘站开始
单程150日元

自行车
单程15分钟

坡很少，所以骑车

风之森车站

公园

美丽的地方

散步道的樱花
被选为樱花名胜地第5名的并排樱花树

风之森公园
在广阔的草坪上和家人朋友一起郊游
在公园里吃便当真是太棒了

夜晚也很漂亮哦

还能和小狗一起散步

好吃的食物

可以看到3种颜色的丸子，每个丸子80日元

炸肉饼
每个100日元

因为很受欢迎，傍晚4点就卖完了

试试看吧!

你的资料已经做好了吗?
请他人帮忙检查吧!

资料完成了吗?

自己确认完后，也请他人帮忙检查一下吧。

如果收到帮忙检查人的建议后，为了不忘记请记录下来吧。

对于修正后会更好的位置要进行修正。

如果内容写不完的话，就记录在自己的笔记本上吧。

致各位指导者以及监护人
第3章 总结

总结

事项情节决定好后，就开始制作演讲资料。

① 准备工具与信息
② 决定版面布局，式样，颜色
③ 文章要正确、清晰、简单明了地写
④ 画上绘画及地图，贴上照片，具体地传达
⑤ 完成后请他人帮忙确认

指导要点

　　第3章里按照事项情节，针对资料制作过程中的一些指导技巧进行指导。说到底也就是为了让制作出的资料变得更加完美，但并不需要有多么严格，还请遵循随意发挥自己才能的方法将资料作成。

　　工具可以想办法使用家里现有的东西，例如数码相机，如果通过自己的双手将仿造纸、画用纸、拍纸、报纸、传单等进行有效利用的话也会很有趣。

　　信息收集是对思考能力的一种训练，所以建议大家可以在网络上、图书馆等地方进行调查，继而实际去确认（取材）等，靠自己的力量去进行。

　　版面方案、设计及颜色等不用考虑得过于严谨，小学生的话，在写之前粗略地规划好整体位置，考虑好整体色调就足够了。中学生以上的话，只要意识到为了让听者容易理解而遵循"重要的事项，总是放在同一位置，用同一设计，同一颜色来表示"就够了。

　　文章的正确性才是最重要的。如果发现有错别字或英语拼写错误要指出来。为了使文章清晰易懂，需分条列出及用体言结尾，但是，因为在小学阶段，仅凭本书的解说可能仍会出现无法理解的时候，"比如说，这种场合，既有这样的写法，也有那样的写法"等，像这样用实际的资料，帮助追加补充，说明分条列写或体言结尾该怎么做。如果认为有照片及图的话可以更具体地传达，但实际却没有的情况下，可以给出"如果有照片的话观众可能会比较容易明白""试着拍下照片吧"等建议。

　　完成后，各位指导者给予建议也行，但是朋友间相互建议的话会效果更好。看他人的资料，思考改善点，也能更大程度地加深自身的理解。

谜语

这段文章里落下了很多我非常喜欢的向日葵种子，好像还掉落了一些我吃了一半的种子，试着找找一共有多少颗吃了一半的种子吧！

→答案见第86页

第2章答案　御手洗团子（"み"第18页、"た"第12页、"ら"第38页、"し"第15页、"だ"第37页、"ん"第27页、"ご"第32页）

做演讲准备吧

演讲资料做好后，剩下的就只有
等待发表当天到来了吗？
不不不，
没有那样的事，
请务必在发表当天到来之前，
做好发表前的准备工作吧。

思考要说的内容

虽然资料已经做好了，但是很担心在那时能不能很好地进行说明呢。

按照事项情节来说就行，总会有办法的。

到那时到底会怎么样呢？

就算事项情节已经定下来了，但是如果不事先考虑好要说的内容的话，说不定会因为当天的状况而发生变化呢。

是啊。

我一在他人面前讲话就会紧张，因此就会忘记自己有没有将重要的事情说出来。

这么说来，当时学生会演讲的时候，是先将台词固定后再进行练习的吧。

是的。

决定好要说的内容，并做好时间分配，多练习几次，就能够自信从容地演讲了。

连台词都要考虑？

当然，将台词准备好之后，如果能够按照台词流利地说就没什么问题了，但也不用全部背诵下来。

就算说词多少有些不同，但只要在规定的时间内将内容说出来就可以了。但是为了进行反复多次的练习，还是有必要事先将台词准备好。

这也叫做"演讲稿"。

演讲稿啊。

好吧！我先将时间分配好，再来制作"演讲稿"吧！

决定说话内容时，

一边对照发表资料，

一边根据每段事项情节将说话时间进行大致分配，

一边思考什么内容该怎么说，

一边考虑演讲稿（脚本）。

发表经验少也好，有过发表经验也好，在重要的发表场合，将实际要说的台词写下来会比较好。

这就叫做"演讲稿"，即"剧本"的意思。如果没有时间制作"演讲稿"的话，就分条列举将要说的话写出来吧。

试试看吧!

制作你的演讲稿吧!

你也一边看自己的演讲资料，一边制作文稿吧。按以下的步骤来进行吧！

① 根据每段话题的情节内容来决定时间上的分配。

② 为了能在规定时间内将内容都说出来，可以考虑制作演讲文稿。

时间分配方法可以参照雷伊与真子的方法哦。

我的话，我觉得把想要养狗狗的原因进行说明后，得到对方的认可很重要，所以会在"原因"上多花些时间。合计 10 分钟。

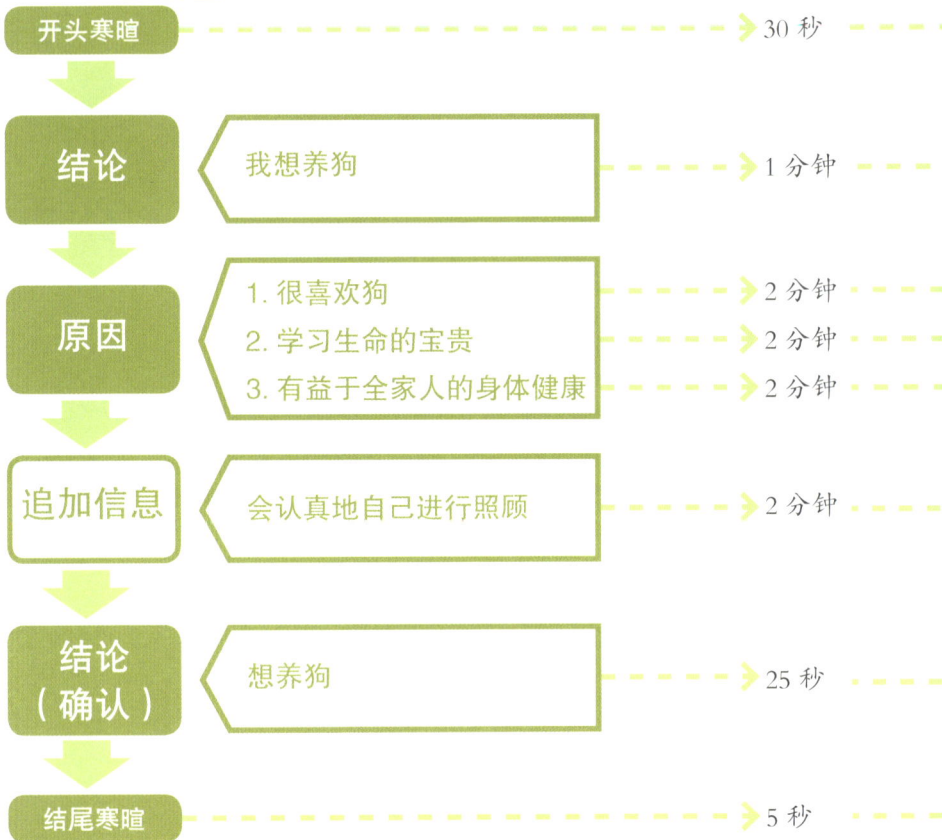

开头寒暄 - - - - - - - - - - - - - - - - - - ▶ 30 秒 - - - -

结论 ◁ 我想养狗 - - - - - - - ▶ 1 分钟 - - - -

原因 ◁
1. 很喜欢狗 - - - - - - - ▶ 2 分钟
2. 学习生命的宝贵 - - - - - - - ▶ 2 分钟
3. 有益于全家人的身体健康 - - - - - - - ▶ 2 分钟

追加信息 ◁ 会认真地自己进行照顾 - - - - - - - ▶ 2 分钟

结论（确认） ◁ 想养狗 - - - - - - - ▶ 25 秒 - - - -

结尾寒暄 - - - - - - - - - - - - - - - - - - ▶ 5 秒 - - - -

合计 10 分钟

时间分配可根据话题内容来决定，与页数多少没有关系。
雷伊的话就是这种感觉吧，诀窍就是结论要简短。
特别是，最后的结论加上雷伊的话再加上开头 30 秒左右的寒暄也就够了。

草稿案例　想要看完整内容的话，可参阅后页的参考信息（参阅第 121 页）

开头寒暄
那么，接下来将要开始我的发表。
首先，谢谢爸爸、妈妈能够抽出时间来参加。
发表时间预定需要 10 分钟。
如果有疑问，拜托在发表结束后进行提问。

结论
今天，我想要说的是"我想养狗"。
希望是在室内也可以养的小狗。品种是……
接下来将针对我想养狗的 3 个原因进行说明，希望能够在我下次生日时买给我。

原因 1　非常喜欢狗
我想养狗的第一个原因就是"我非常喜欢狗"。
要说起到底喜欢狗狗的什么地方的话……

原因 2　学习生命的宝贵
第二个原因是"学习生命的宝贵"。养狗就意味着对狗的一生都要担负责任，我带着想让它一辈子都能幸福的这种心情来饲养。狗的寿命因种类而异……

原因 3　有益于全家人的身体健康
第三个原因是"有益于全家人的身体健康"。养狗的话，可以带着狗一起去散步，在公园里玩耍，和狗一起运动。不仅是我，如果爸爸妈妈偶尔也能一起去的话我会觉得很开心。
比如，我所思考的散步路线是……

追加信息　我会认真地自己进行照顾
爸爸妈妈也许会担心我到底能不能好好地照顾它，但是，如果是养狗的话，我会……

结论（确认）　结尾寒暄
我的发表到此结束。如果能允许我养狗的话，我想先和爸爸一起去宠物店看一看。
爸爸妈妈，拜托你们了。谢谢你们一直倾听到最后。

我的话，包括提问时间一共 10 分钟，所以发表时间就决定用 7 分钟。虽然 3 个要点都很重要，但是因为日用小商品话题比较倾向于女生，所以这部分就打算只用 1 分钟。

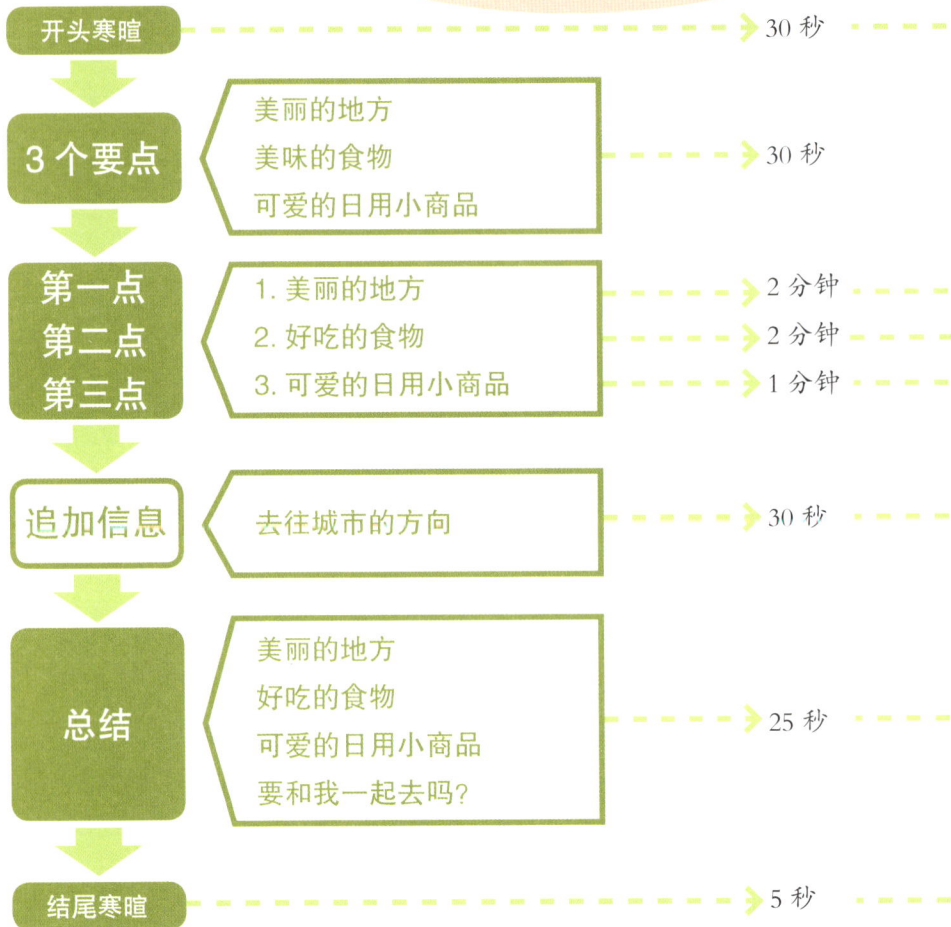

开头寒暄 ----------> 30 秒 ----------

3 个要点
- 美丽的地方
- 美味的食物
- 可爱的日用小商品 ----------> 30 秒

第一点
第二点
第三点
1. 美丽的地方 ----------> 2 分钟 ----------
2. 好吃的食物 ----------> 2 分钟 ----------
3. 可爱的日用小商品 ----------> 1 分钟 ----------

追加信息
去往城市的方向 ----------> 30 秒 ----------

总结
- 美丽的地方
- 好吃的食物
- 可爱的日用小商品
- 要和我一起去吗？ ----------> 25 秒

结尾寒暄 ----------> 5 秒 ----------

合计 7 分钟

大家也都认真确认一下吧，提问时间是放在发表时间里，还是单独分开的呢？

草稿案例 想要看完整内容的话，可参阅后页参考信息

（参阅第 121 页）

开头寒暄
那么接下来，将进行自由研究的发表。发表时间包括提问在内一共 10 分钟。提问是放在最后，拜托在那时进行提问。

结论
标题是"我出生的城市"。我住在现在的城市之前，曾在距离这里乘电车 2 站地路程的风之森市住过，今天就来谈谈这座城市的 3 个魅力点：1. 美丽的地方，2. 美味的食物，3. 可以买到可爱的小商品。如果大家也想去看看的话我会觉得很高兴。

第一段 美丽的地方
首先，介绍美丽的地方。从车票的检票口出来后……

第二段 美味的食物
接下来，介绍美味的食物。我经常去的店铺是……

第三段 可爱的日用小商品
最后，介绍一些可以买到可爱的日用小商品的店。这些可能只有女生才感兴趣，但是如果男生去买礼物的话，女生一定会很高兴的。我经常去的店是……

追加信息 去往城市的方法
正如刚才所说，这是如果去了的话肯定也会让你感觉很愉快的城市。大家可能会觉得坐电车去很麻烦，其实就算骑自行车 15 分钟左右也可以到达。我……

总结 结尾寒暄
怎么样呢？我出生的城市既美丽，又有美味的食物，还可以买到可爱的日用小商品，真是个不错的城市吧。
如果也有人想去看看，不介意的话我们可以一起去吗！感谢一直倾听到最后。接下来，如果有疑问的话就请提出来。
请多多关照。

排练

虽然制作演讲稿比较困难，但感觉已经能好好说出来了。

我也是。

接下来好好练习就可以了。

就当作是与正式发表一样进行，这也叫做排练。

我知道。

运动会及文艺表演会都会进行排练呢。

是的。

不仅是演讲发表，在其他各种时候也都会进行排练的呢。

什么都不准备直接上场就演的话，多数时候都不顺利。

在排练时有哪些需要注意的事情吗？

尽可能地像正式演出时一样进行，可以的话，尽量请他人观看并得到一些建议。

如果正式演出时是站着进行发表的话，那排练时也同样站着，大声排练吧。

那要练习多少次才行呢？

直到自己有自信，能在规定时间内完成发表为止。

最少也要进行 5 次吧。

另外，最好能在正式发表的前天及当天进行再次确认。

我如果不进行更多次练习的话好像不行呢。

当作正式演出一样进行的演出称为排练。

进行多次练习直到自己有自信，能在规定时间内完成发表为止。

有摄像机的人，自己将排练过程进行摄影后观看也可以。还可以用智能手机或其他摄影方法，想拍录像的人可以和家人进行商量哦。

给家人或朋友观看后，针对自己无法察觉到的问题，就可以借此机会从中得到建议哦。请一定邀请家人或朋友观看。说话方式，可见第5章的详细说明哦。

设想提问

虽然要说的内容已经做好了演讲稿，但是如果被提问的话，当场能不能好好地回答呢？还是很没有自信啊。

真子你可真是挺爱操心的啊。

但是，提问时根据你的回答，带给听者的感觉也会有很大的变化哦。

如果能正确、流畅、易懂地回答，听者就会觉得"哦，原来如此"。

反过来说的话，在回答问题的时候，如果不能正确回答，而是长篇大论，或是用复杂又难以理解的话语来进行说明的话，就无法得到对方理解了吗？

是的，正如真子所说。

那怎样才能恰如其分地回答问题呢？

那就是预测一下会被问到怎样的问题。

事先设想一下如果听众这样提问，我就这样回答，这样也就不会慌张了。

但是，妈妈总是问一些意想不到的问题，所以我总是回答不好。

确实，要预测到所有问题是比较困难的呢。

如果当场被问到一些无法回答的问题时，可以坦白地说"不好意思，等我调查后再回答您"。即使是大人在演讲的时候也是如此。

就当作听众在看资料，

预测**会被问到哪些问题，**

思考**被问后该怎样回答。**

考虑一下，如果自己是听者的话，会想提哪些问题呢？试着把设想到的问题记录在笔记本上，写上答案吧。

试试看吧！
会被问到哪些问题呢？
把问题和答案都事先准备好吧！

你也一边浏览自己的演讲资料，一边设想会被问到哪些问题，又该怎样回答。

如果内容太多写不完的话，就记录在自己的笔记本上吧♪

准备好携带物品

演讲准备还有其他需要准备的事项吗？

为了展开演讲，要确认一下所需要的物品。

雷伊呢？

我是一边让爸爸妈妈看电脑一边进行说明，所以只要有电脑就行了。

是啊。

还有就是在爸爸妈妈提问或是说起一些事情时，准备好笔记用具会比较好。真子呢？

我也有必要准备好笔记用具呢。为了不让仿造纸制成的资料破损，我必须要小心拿着。

另外，说明时要使用指挥棒、激光笔，

这些班主任可能也会帮忙准备，但我还是要确认一下。

像真子一样听众比较多的时候，可能无法将提问问到的问题，或是说到的所有事情全部都记录下来。那么这时候也可以在演讲发表前，准备好纸发给班级的各位，拜托大家"如果有问题或是建议，可以在纸上写出来"等，还可以和班主任进行商量哦。

对了。

为了应对当场可能会被问到我喜欢的小狗种类这样的问题，我要提前准备一些参考资料才行。

如果有哪些在现场可以展示的物品的话，也一起准备吧。

※ 激光笔也就是利用激光来指向距离自己较远处的工具。

根据场合不同，需携带的物品也不同，

发表资料（电脑，仿造纸等），

指挥棒及激光笔，

预定当场进行展示的物品，

分发给听众的说明资料及提问用纸，

自己想要带上的参考资料等。

如果遗忘了该准备的物品，那会很糟糕！所以，脑海里必须要浮现出实际演讲的场景，好好思考需要准备的物品才行。

被提问时，如果当场立即能够进行详细说明的话，会给听众带来好印象。全部背下来是不可能的，所以要整理好参考资料，以便立即就能看到。

该准备什么呢？事先制作携带物品清单会比较好哦。虽然有时根据当时场合不同需要携带的物品也会有所不同，但可以作为下次演讲时的参考哦。

在班级演讲的时候，要确认一下在学校可以借到的物品，以及自己需准备的东西哦。

致各位指导者以及监护人
第 4 章 总结

总结　**资料完成后，做演讲准备。**

① 将时间进行大致分配
② 思考演讲稿
③ 进行排练
④ 设想会被问到的问题
⑤ 准备携带物品

指导要点　　在第 4 章中，为了将规定的发表时间进行有效利用，并顺利发表，而进行说话练习，对准备要点进行指导。

　　演讲资料完成后，要反复进行多次练习，直到能在规定时间内从容地将自己想要表达的事情讲完为止。光凭在脑袋里想的话，发表是不会有进步的，虽然大人也有很多时候不进行排练，但是如果不发出声音只进行模拟练习的话，这与实际说话时会有所不同。试着发出声音后，才知道自己用的是哪种措辞，才会清楚哪些话用了多少时间，因此，请一定要发出声音进行练习。

　　进行排练的时候，先把大致时间分配一下，一边思考在哪里要说什么，一边来考虑演讲稿。演讲稿按照实际说的那样去写是最好的，但是如果不想花那么多时间的话，也可以用"在这里，说这个和这个"等方法，像这样将各部分重要的关键字进行分条列出。如果是用 PowerPoint 的话也可以使用"笔记本功能"，用 Word 的话可以在笔记本上手写，推荐按照自己喜欢的方式来进行演示文稿的编写。

　　对于提问的准备，就是设想听众可能会提出的问题并将其记录下来，考虑该怎样回答。如果自己实在想不出问题的话，建议各位指导者试着给出一些提问吧。这里也请站在听众的角度去思考，继而给出建议。

谜语　在这篇文章里，我非常喜欢的花已经开花了，试着猜一猜吧，是什么样的花开了几朵呢？

→答案：见第 112 页

第 3 章答案　5 颗（第 50、54、56、61、71 页）

进行演讲吧

那么，这下终于
要正式发表了。
怎样做才能顺利发表呢？
来学习说话方式、肢体语言
及与听众的互动等演讲的
诀窍吧。

开场寒暄

虽然一边读着演讲稿一边反复进行了多次练习，但总觉得还是差了那么一点点。

哪个地方还差了那么一点点呢？

真子看了雷伊的排练，感觉怎么样呢？

虽然声音很大听得很清楚，但感觉太过于宣传自己想要说的话而显得有些偏离主题。

嗯，可能是吧……

那真子的演讲呢？

雷伊你觉得怎么样呢？

真子说话很有礼貌，所以连我都想好好听了。

但是，说的时候要是能够更加自信一些就好了。

不管怎样我都感觉没有自信。

我曾被以前的班主任说过，如果不昂首挺胸、充满自信地说的话，是无法进行传达的哦。

就算演讲稿写得很好，但根据说话方式的不同，给听者带来的印象也会随之改变，因此怎样说也是很重要的事项。

首先，来说明"开场寒暄"时的要点吧。

演讲开始后，听众会根据给其带来的印象，来决定要不要继续听下去，所以可不能疏忽了。

从"开场寒暄"开始，演讲也就正式开始了吧。

该怎样才能让爸爸妈妈有兴致地继续听下去呢？

在最初的寒暄中，

想让对方涌现出**想要倾听你谈话**的这种情绪的话，
需要结合演讲内容；想让对方享受谈话的话，

就应该通过**微笑让对方感到愉快**；
如果想要获得信赖，就要具有**认真的态度**等，
好好考虑一下要怎样做才会比较好。

我要**传达自己想要养狗的认真的想法**，所以
必须要用**认真的态度**来进行开场寒暄。
饲养动物可不是件容易的事，不认真可不行。

我想让班上的同学们都**愉快地听
我讲话**，所以我要**微笑着感觉良
好地**开始演讲。

不管是在什么场合，**开场寒暄时都要以认真
端正的态度感觉良好地**来进行比较好！
面带微笑到底好不好呢？这也是要根据说话
内容来判断的，试想一下，如果自己是听众
会怎样想呢？

沉着冷静、落落大方地讲述

我明白了开场寒暄的重要性。

用端正的态度，感觉良好地开始进行发表后，接下来该怎么做呢？

我一直在担心自己能不能好好地讲，所以声音就会变得越来越小，也想改正自己，让自己变得自信起来。

如果能落落大方地讲就好了。

我一不小心就会讲得太过投入从而偏离主题，要是自己可以沉着冷静地讲就好了。

不仅是演讲，我们在向他人进行传达，希望能够得到他人的理解、得到他人的允许时，如果能够沉着冷静、落落大方地讲就好了。

我本想着要沉着冷静地讲，但是有时候就会变得好像自己很了不起一样……

如果不考虑对方感受而单方面一味地用强硬的语气来讲话的话，可能听起来会让人感觉很自负。

带着希望听众可以理解的诚意和热情，礼貌地讲就可以了。

诚意是"真心"，热情是"努力的心情"。

只要带着为他人着想的这种心情就不会显得很了不起了。

我本打算专注而认真地来讲的，但果然还是缺乏自信。

不管是说什么，

直到有自信为止， 都要反复进行练习，

带着希望听者可以理解的**诚意和热情，**

礼貌地、沉着冷静地、落落大方地

说话的话，就能够将自己的想法传达给听者。

要想充满自信的话，就像在排练部分的说明一样，反复地进行练习吧。
诚意和热情就是自己的内心，自己带有这种心情。

如果带有希望听者能够理解的这种心情的话，措词也会变得很有礼貌吧，也就不会显得很自负了吧？但是，要显得沉着冷静、落落大方的话，到底该怎样做呢？

看起来是否沉着冷静，这和姿态、表情、声音大小、语速等各方面都有关系哦。
从下一页开始，老师就会教这些重点哦！

说话的时候，也是有注意
事项要点的哦！
我也能做到吗？
努力试一试吧！

简单易懂地讲述

接下来，针对演讲过程中需要注意的具体事项要点进行讲解。

啊？要点？有很多吗？

各项我都想知道呢。

每一项都是既简单又普通的事情。

有些事项雷伊和真子不是都已经掌握了吗？

因此，寻找自己认为自己做不到的事项，注意一下就可以了。

啊，知道了。那最开始的注意事项要点是什么呢？

那就是为了让自己能够**说得通俗易懂**的要点。

"不要按照原稿照本宣科"；

"用听者可以理解的语言来讲"；

"直至结尾都用清晰明了、全员都能够听到的声音来说"；

"注意不好的口头禅"……

怎么样？

不能按照原稿照本宣科，那也就是说要全部都背诵下来，资料都不可以拿在手上的意思吗？

为了在想要进行确认的时候能够确认到，拿着资料倒也是可以的，但是如果一直盯着原稿的话，内容就无法传达了哦。

要想**说得通俗易懂**，认真地用自己的语言来说会比较好。

口头禅？我自己也不太清楚自己有什么口头禅啊。

不要照着原稿进行宣读

如果只盯着原稿而不**看着大家的面孔**说话的话，就无法确认大家到底有没有听懂。

如果言词中使用到**专业术语、缩略语**时，要注意，需要对其进行说明。

用听众能够明白的语言来进行说明

从头到尾用全员都能够听到的音量清晰地讲

用全员都能够听到的声音，大声地讲吧！如果**听不到的话也就无法得到理解**，用很小的声音嘀咕的话是无法传达的哦。**结尾声音如果很小的话，听起来就会像是很没有自信一样**，因此直至结尾都清晰地讲吧！

注意不好的口头禅

有没有口头禅，要请他人帮忙确认哦。"**那个——**""**哎——**"等这些不管是谁都会用到，所以没有关系。但是，若是多次说及会让听者很在意的口头禅的话，还是注意改正吧！

张弛有度地引起注意

通俗易懂地讲的要点还挺简单的嘛。

那接下来的重点是什么呢?

啊!雷伊挺有干劲的嘛。

接下来就是利用张弛有度来引起大家的注意,继而让大家都集中精力听自己讲。

该怎么做才好呢?

首先,注意语速。

"说得太快会让他人听不清楚,说得太慢又会让人想睡觉"……到底合不合适呢?向他人进行确认吧。

那我就问雷伊、妈妈,还有仁老师。

当然可以。

接下来,就是在"讲述重要事情时"的两种方法。

一种是,改变语速。

另一种是,稍微沉默片刻。

不管哪个都是为了让听众能够注意到"我现在正在说重要事情"的技巧。

沉默?那会变得鸦雀无声吧。

1秒就足够了。

张弛有度的话,语言的分量就出来了哦。

看起来也会有充满自信的效果,因此推荐哦。

啊!沉默什么的?总觉得好可怕哦。

我想试一试!

说得太快让人听不清楚
说得太慢又让人想睡觉

我说话相当快的呢。

到底是否恰当呢？如果我在排练的时候请他人帮忙确认的话应该就行了吧。

在说重要事情的时候
稍微放慢语速，大声地讲

在说重要事情的时候，如果改变一下平时的说话方式，听的人也就能够明白"现在正在说重要事情"了吧！

在说重要事情的前后
在心里默数着"一"
同时沉默 1 秒钟看向听众

这是相当高级的技巧哦。

在即将要说重要事情的前或后，就算是偶尔为之也行，沉默 1 秒钟认真地看向大家吧！

也会成为充满自信的说话方式哦。

目光对视

用简单易懂、张弛有度的说话方式等来引起注意的要点已经明白了。到底能不能做到呢，要试试看呢。

除了说话方式之外，还有其他要注意的事项吗？

从这里开始，我们要思考除了语言之外的行为举止该怎么做。真子，不仅是演讲，其他时候在与人谈话时有没有要注意的事项呢？

是的呢……

我被妈妈指责过，"要好好看着对方的眼睛来说话"。

真子的妈妈可是教了一件很棒的事情呢。

看着对方的眼睛来说话也就是目光对视的意思。

目光的英语是"eye"，也就是眼睛。

接触是"contact"，也就是对视的意思。

总而言之，也就是利用眼睛来说话的意思。

用眼睛来说话？

换句话说也就是"四处环视"，一边认真看着听众一边讲话的意思。

只有看着听众才能很好地进行传达，所以目光对视是很重要的哦。

但是，在听众很多的演讲上，如果看着全员眼睛的话就无法讲话了，会很紧张……

当然不是同时的了。

那接下来就告诉你们说话时既能看着大家，又能不紧张的诀窍吧。

不要一直看着资料
身体的正面
要面向听众

首先，
要将身体面向听众。

如果紧张的话，可以先看
向一些笑嘻嘻的人，或者
与自己关系较好的朋友，
等心情平静下来就好了。

演讲开始后
找到一个让人感觉良好
的听众然后看着那个人

等心情平静下来后，再
去看其他人就好了呢。

等心情平静下来后
可以看向给人感觉良好的
这个听众周围的那些人
然后，一边看着全体一边讲话

这是高级的技巧！
也会成为充满自信的说话
方式哦。

不要匆忙地看向所有的人
要不慌不忙地看着一个人
如果对方注意到了的话
就看向下一个人

活动身体

迄今为止，我都是一直看着资料，没有注意到目光对视什么的。原来除了说话方式之外，还有其他要注意的要点呢。

演讲就是与听众的交流，换言之也就是对话与推动。不光是讲话，还有其他各种各样的推动方法呢。除了目光对视用眼睛来说话外，还有一种就是活动身体的方法。

活动身体也就是动作手势、姿态举止的意思吧?

是的，这个是雷伊比较擅长的事情吧。

我无意识下就会指手画脚地讲话。

这个我不擅长。

有没有简单点的事项呢。

在指手画脚地开始讲话之前，首先要有一个正确的站姿。在此基础上，配合讲话内容加上手和身体的动作就行了。针对站姿进行解说之后，再来介绍几个常见的简单手势吧!

我的话，没准会摇摇晃晃地活动过头。

太过于投入的话，手势动作也会变得更加频繁。

无用的动作并不好，所以动作尽量不要太多，但是一边活动身体一边说话的话，身体就会放松下来，所以推荐给容易紧张的真子。

是吗?

如果可以使说话时不紧张的话，我就试试看吧。

以身体的重心为中心
笔直地站立

好的例子

以**身体的重心**为中心，笔直站立时，轻轻地张开脚至**1-2个拳头距离**的话，身体就不会晃动了。不要低头向下看，抬起头面向听众吧。

不好的例子

会给听众带来"**感觉很不好**""**吊儿郎当**"等印象的站立姿式是不可以的哦。最好不要出现以单脚为中心站立，把手放进口袋里，东张西望等这样的站姿。

指向资料的时候
身体的正面也要面向听众

好的例子

不好的例子

指向资料时，如果像不好的例子里那样的话，身体就会背向听众。

为了在讲话过程中也能与听众的目光对视，就如好的例子一样，将身体的正面朝向听众吧。

我一旦对讲话内容太投入的时候，就会动作过头，不停地挥动指示棒，把激光笔在屏幕上或仿造纸上转来转去。

这些好像也都不好。必须要注意才行。

注意！ 指示棒和激光笔很危险，所以绝对不能指向人！

试着做一下
配合谈话自然使用一下肢体动作吧

有 3 个要点

第一个是……

第二个是……

大

小

除此之外，还有"高·低""宽·窄""长·短"等，很多像这样通过**手势的上下左右动作来表现的语言**。

就像"好吃·不好吃"一样，也可以通过**表情和声音来进行表现**。

与听众搭话

加入动作手势的话，能够引起注意，就像老师说的那样，与听众进行交流对话后，感觉推动感会变得更强呢。

想要更强烈地推动的话，也是有搭话方法的哦。

搭话？

但是，演讲本身不就全部都是在与听众搭话吗？

这是要向听众征求回答的搭话哦。

也就是在演讲过程中向听众进行提问的意思。

在听他人演讲时有没有被提问过呢？

这么说来，有。

朋友在针对独角仙观察的自由研究发表时，在演讲的最初提问："有没有人养过独角仙？"

有相当多的男生举手呢，感觉气氛还挺愉快的！

我有一次在听他人发表时，遇到了不懂的词语，正在为这个而苦恼的时候，就被问到："雷伊，你有什么在意的事情吗？"

感觉还挺高兴的。

是啊。

想让听众产生兴趣，或是想要确认听众情况时，就有提问这个方法哦。

想引起听众兴致的时候，
想确认听众情况的时候，
看起来很无趣的时候，
得不到回应的时候……
就试着向听众进行提问吧。

为了在演讲的开始，就让听众对主题产生
兴趣，有提问这个方法哦。
因为听众通过回答问题，可以产生出一种
参与的心情。

在开始说话之前，可以问问听者关于主题有多
少了解，也是不错的。
像真子说的，"谁有养过独角仙吗？"，这样的
问题，估计也是类似这种确认性的问题吧。

很多人都感觉很无趣的话，自己也会变
得很不安……
但是，也有一些是因为像雷伊那样出现
不懂的词语而感到困惑吧。如果大家的
样子很奇怪的话，那我就试着问问大家：
"到此为止，有什么不明白的地方吗？"

在针对炸肉饼和丸子进行说明的时候，还可以问问大家喜欢不喜欢之类的吧？

那我在演讲的最初提问"有没有人去过风之森公园？"这样的问题可能也不错吧？

如果去过的人比较少的话，则可以说"请一定要知道这座城市的魅力"，如果有很多人都去过了的话，则说"可以作为下次去时的参考"等，思考根据大家的回答该说什么。

如果花费太多时间的话，发表时间就不够了。"是·不是""有·没有""选1·选2"等，问些能够简单回答的问题。

我的话呢，我知道爸爸和妈妈都没有养过狗，所以就不能像在班级里说话那样，搞得热闹非凡啊。

在我的说话过程中如果爸爸妈妈露出"？"的表情的话，"有什么在意的事情吗？"是否可以这样提问呢。

试试看吧！

思考一下吧，该怎样搭话呢？

在你的演讲中，该问什么样的问题才能够引起大家的注意呢？

考虑一下吧，在哪个阶段该问怎样的问题呢？

展示实物

在做演讲准备时，曾被告知如果有当场要向大家展示的物品的话，就要提前准备好。雷伊除了资料之外还会展示什么呢？

我也在想，如果当场展示小狗的话，那么小狗的可爱程度就特别能够传达出来了，但实际上是没办法实施的。

所以就把照片放进资料，放弃展示小狗了。

我该怎么办呢？

因为学校里是禁止带食物的。所以，炸肉饼、丸子是无法展示了。

虽然不会刻意去准备。不过，如果现场能够看到实物的话容易引起大家的兴致，话题也会变得更加具体了。

对了，如果是我买的那些可爱的杂货的话，或许就能现场进行实物展示了。装着闪闪发光小物品的盒子，特别漂亮。

我觉得女孩子们都会想要的。

虽然仿造纸的资料上也贴有照片，不过可以准备一些实物，在聊起杂货铺话题时使用。

为了让大家都能看到，可以将实物拿至前面给大家观看，如果不是易碎品，或是易丢失品的话，也可以按照顺序轮流让班级里的同学们拿在手里看。

小盒子掉落的话会摔碎，所以我决定不轮流传看，就拿在前面给各位观看好了。

能够当场带去的物品

向他人展示实物
或者让其拿在手里观看
这样话题也会变得更加具体

不可以携带

不可以携带

丸子

炸肉饼

可以携带

小盒子

试试看吧！

你要展示什么呢？
给大家展示一下实物吧！

在你的演讲中，给听众展示后能够产生比较好的效果的物品是什么呢？

有什么物品能够当场携带？有没有哪些物品，在向观众进行展示后，能够让观众产生"原来如此！就是这个啊"等这样的想法呢？另外，也考虑一下要在演讲的哪个环节进行展示呢！

回答问题

总算有点明白在说话方式、站立方式、身体动作等上面该注意什么了。

也就是说，演讲并不是单方面地讲，而是与听众对视，加上手势动作、与听众搭话等，积极推动对话互动的意思吧。

是的。因此在被听众提问的时候，该怎样回答，这是很重要的。

如果能给出一个让听众满意的回答的话，自然也就能够被理解了。

让听众满意的回答？

这个也是站在听众立场……的意思吧。

就是那么一回事。

要考虑听众想听到怎样的答案。

在听到他人回答的时候，有没有出现过让你认为"明明没有问这样的问题"这样的事情呢？

有有有。有的回答都偏离主题了。

首先，要认真听清问题，不要弄错了。

另外，在提问的时候有没有让自己感觉到很不愉快的回答呢？

这么说来，明明问的是，"会还是不会？""到底哪一个是？"这样的问题，但是在得到回答之前，说了一大堆多余的说明，真是感觉好累。

听到他人的回答的时候，不足之处自己就很清楚，但是轮到自己的时候也经常会那样回答呢。

先将提问的规则
传达给对方

提问的规则也就是，该怎样提问的意思。

例如："请在演讲结束后将问题点进行总结"

"如果有疑问的话中途也可以进行提问"

"有疑问的人请举手"

等等像这样，在演讲的开端先将提问的

规则进行传达。

听取（他人）的提问时
连同身体也要一并
面向对方认真地倾听

如果不好好地看着提问者进行回答的话，可能就无法将自己的诚心及认真在情绪里传达给对方。比起只将面孔朝向对方，不如将整个身体都朝向对方，这样更能让对方感受到"他在认真听我讲话呢"，由此也更能得到满足。

沉着冷静地倾听，直到提问结束

为了不让自己的回答偏题，请冷静地倾听提问者的问答，直到提问结束。

被问及多个问题时会忘记，所以可以一边听一边做笔记哦。

如果不理解提问者所问的到底是什么内容，也可以向提问者进行询问。

先说出结论，后进行说明

在回答问题的时候，

如果像"由于……，加上……的原因，因为……，所以……"等这样以原因先行进行解答的话，无意中给人的感觉好像要进行很长很长的说明后才会得到结论一样，而对于提问者来说，只会想"快点告诉我答案吧"。

"这就是……结论。

为什么呢？因为……因为……所以……"像这样先说出结论的话，提问者会比较容易满足。

那么，进行演讲吧！

那么，演讲方法的说明就到此为止了。接下来，请将至今为止学到的内容灵活运用，进行实际的演讲吧。

好的！
加油！

嗯♪
我试试看！

雷伊和真子，两个人都很努力呢♪

致各位指导者以及监护人
第 5 章 总结

总结

演讲时，要注意说话方式和行为举止

① 开头的寒暄，要以让人感觉良好的端正态度来进行。
② 带着诚意与热情礼貌地、沉着冷静地、充满自信地说。
③ 对于听者来说，要用通俗易懂的语言、洪亮的声音来说话。
④ 张弛有度，目光接触，身体动作，回答听众的提问，用实物等来引起注意
⑤ 被提问时，要认真听到提问的最后，并且先用结论来回答。

指导要点

　　在第5章里学习了演讲时的说话方式、姿势、打造肢体语言的方法及提问时的应对方法等注意点，并从能够充满自信地在他人面前进行讲话等方面进行了指导。

　　虽然介绍了各种各样的发表技巧，但是如果要一边意识到所有要点一边讲话的话，就连大人也无法做到。试着进行一次排练，特别是对改善后会比较好的地方进行思考，提出建议会比较好吧！比如说，如果声音小、话尾声音弱、看起来没有自信的话，那就抬起头看着听众大声地说吧，将此做为重点进行练习。就算能够流畅地演说，但是，如果不能传达哪个地方才是重点的话，就练习张弛有度的说话方式吧。因人而异，每个人认为改善后会比较好的地方也会有所不同，因此分别找出各自的改善点后再给出建议会比较好。如果有多个改善点的时候，想要一次性全部改正的话是比较困难的，所以要有意识地进行每个改善点的练习，将一个问题克服后再改善下一个点吧。

　　进步的捷径，就是亲自看看自己的演讲。如果有摄像机、ipad、智能手机等能够拍摄视频的设备的话，请一定要拍下来后自己观看。就算无法将演讲的整个过程拍摄下来，仅拍摄一部分也是可以的。看着动画，自己思考改善点比较好。站在听众立场进行考虑的时候，试想自己是怎么想的，自己自身进行思考的话最能促使自我成长。

　　重要的是，要思考"向他人传达什么才能使他人快乐"？并创造出一种"在他人面前说话并不是什么特别的事"，"无论是谁都会紧张，所以没什么可担心的"等这样可以让自己放松并能安心练习的氛围。

谜语

在这个章节里，你大概也注意到我经常玩的球滚过来了吧。把球里面写的文字进行排列的话，就会成为演讲时重要的关键词哦。猜猜看吧！

→答案：见第 119 页

第4章答案

"向日葵" 5朵（第75、76、80、81、85页）
"郁金香" 2朵（第79、81页）

第6章

回顾结果

演讲结束后，
回顾一下结果吧。
对于最初设定的目的，
达成目标了吗？

目的与目标达成了吗?

仁老师，我向爸爸妈妈做了演说哦。

我也是，在班上发表了演讲。

两个人都很努力呢!

那结果是怎么样的呢?

虽然想养狗狗的事当场并没有得到同意，但是我的想法已经得到了理解，爸爸和妈妈说会商量一下。

不过，事先去宠物店进行考察的事已经得到同意了。

是吗?

那也就前进了一步啊!

真子呢?

到现在为止也有过自由研究的发表，不过感觉（这次）是气氛最热烈的一次。

大家都说"哇，很好吃""樱花时节也要去观赏""我也想要这个小商品，想一起去杂货店"等等。

那就太好了。

对于你俩最初设定的目的和目标来说，结果怎么样呢?

我想养狗狗的心情得到了理解，而且也答应一起先去宠物店进行考察，所以算是成功了一半吧。

我这边呢，有几位朋友都产生了想去的想法，所以觉得还算是挺成功的。

是啊。

就像这样，回顾目的与目标有没有达成也是很重要的呢。

演讲结束后，回顾一下结果。

最初设定的目的与目标，
有没有达成呢？

● 目的　告诉爸爸妈妈养狗的事情，并征得同意

● 目标　①先去宠物店进行考察
　　　　②帮我买狗

● 结果　可以一起先去宠物店进行考察
　　　　买不买狗，爸爸妈妈一起商量后再决定

● 目的　使听众能够理解我出生的城市的魅力

● 目标　使听众产生去游玩的想法

● 结果　听众理解了我出生城市的魅力，并且有几位都产生了去游玩的想法

贯穿到下一个步骤

两个人的努力都有了收获啊。

就只差再推动一步了。

演讲结束后，回顾一下演讲结果，考虑一下接下来该做什么吧？

啊？还需要再做什么吗？

真子难道以为让班级同学认为那是个美丽的城市，并产生想去游玩的想法，这就算是结束了？

是啊。

如果（他们）真想去的话，我也想一起去呢。

雷伊呢？

当然，我会一直努力到允许养狗为止。

首先，为了在与爸爸一起去宠物店进行考察前能把我想养的狗狗的特征说出来，我必须要进一步调查才行。

另外，爸爸比较忙，要把去考察的日子先定下来才行。

是啊。

将其贯穿到下一步才行。

就算是演讲进展得不顺利的时候，也要考虑事后还能做什么？

回顾一下为什么会失败比较好。

照这样的话，演讲也就会变得越来越好。

好的。

我再试试其他不同的演讲。

谢谢老师！

不管演讲进行得顺利，或是不顺利，

事后还有没有哪些事情可以做？

有没有哪些事情改善后会更好呢？

回顾一下，将其贯穿到下一步吧。

试试看吧！

你的目的和目标达成了吗？
回顾一下结果，将其积累到下一次。

最初设定的目的

最初设定的目标

结果

在这之后，还有没有要做的事情呢？

有没有哪些事情改善后会更好呢？

致各位指导者以及监护人
第6章 总结

总结

演讲结束后，回顾一下演讲结果。

① 确认目的与目标，有没有达成？
② 思考事后还可以做什么？
③ 有没有哪些事情改善后会更好呢？

指导要点

在第6章中，提出在演讲结束后，不要听之任之，而是通过回顾结果，并将结果积累到下一次，继而慢慢地提升演讲水平，从而进行指导。

在班级里进行发表等，可能会有很多时候会在演讲正式结束后，就松下一口气而不再采取任何行动，但是发表应该是带有什么目的才进行的。目的和目标有没有达成呢？建议让其回顾一下结果吧！回想一下自己最初设定的目的和目标，确认是否达成。

除了确认目的和目标有没有达成外，让其试着进行演讲，听听到底如何吧。有没有感到紧张？是不是如练习时一样？如果认为有哪些地方并不顺利的话，到底是哪个地方？该怎样做才好呢？在下一次演讲时希望能注意些什么？对其进行帮助使其能够自我思考吧！如果在班级上多人组合一起进行探讨，获取相互建议的话就会有更佳的效果了。

如果使用本书，在家里进行演讲练习的话，也向听众进行反馈吧！如果无法达到本人设定的目的与目标时（例：如果像雷伊提出的内容一样，无法得到允许），请将理由进行说明。如果是因为演讲文稿或是说话方式有问题而无法获得允许的话，请具体传达改善建议。以表扬两处优秀点、指出一处改善点为目标的话，就能快乐地进行学习了。

资料和说话方式，也就是在本书中所学的演讲方法没有问题，而因为提案内容本身不行而没有被接受的话，可以用"演讲很精彩，但是因为这样的理由而无法获得同意"等进行具体说明。演讲有成功的时候，也有失败的时候。重要的是，哪些部分是好的，哪些部分存在不足，具体性地给出建议，不要让其失去继续努力下去的欲望。

谜语

咦？这一章节里的雷伊，和以往的雷伊有点不一样，你猜猜看哪一页的雷伊变成什么样了呢？

→答案：见第121页

第5章答案

目光接触："ア"第99页、"イ"第89页、"コ"第101页、"ン"第109页、"タ"第100页、"ク"第104页、"ト"第93页。

结束语

学习了作为表达能力之一的演讲后，觉得怎么样呢？有没有和您的孩子一起进行快乐的配合呢？

要掌握表达能力，不仅要读本书，还要实际去进行练习才行。

而且，并不仅仅只是练习一次，而是但凡有机会的时候就去尝试，慢慢积累经验后就会慢慢明白其中的诀窍，继而做得越来越好。

如果是在学校类的教育现场，或是在班级内进行某些发表的时候，请一边复习本书一边进行学习吧。不过，虽然一个人也能学习，但是如果多名同伴一起进行学习的话效果会更佳。通过相互确认也能够加深理解。

如果是在家庭里的话，以后孩子若有什么重要的事情向家长提出请求的话，我认为推荐（孩子）进行演讲比较好。如果像本书中的雷伊一样想饲养动物或是想得到什么的时候，这就是机会。"为了让爸爸（妈妈）明白你想做什么，以及为什么想做那样的事，你能进行演讲吗？如果能让我们接受的话，我们就考虑一下吧。"等将意思表明后，就请观察一下孩子自发性的行动吧！在这个时候的注意点是，不要出现"如果演讲得好就同意"的这种短路式的示范方法，不要进行强制。相反，如果没有将理由清楚地进行说明的话，也不要给予回应。

如果能让孩子明白，"在拜托他人时，就算观察监护人的态度，莽撞地请求也都是没用的，必须要把自己的想法和心情简单明了地说明并得到理解。"如果能让孩子明白这些就太好了。

即使是想要买什么的请求也好，如果能在父母和子女一起享受的同时，又成为培养思考能力的机会的话，我会很开心的。

孩子以出色的演讲而向各位监护人提出要求，如果这让各位监护人感觉很为难的话，我会很高兴的。

感谢您一直读到最后！

山崎 红

参考信息的介绍

本书的参考信息可从以下网址进行下载。

请在学校课堂或家庭学习上发挥其价值。

http://ec.nikkeibp.jp/item/books/p95760.html

【可以下载的信息】

- 雷伊作成的演讲资料

  （笔记本中也有记入【草稿案例】）

- 真子作成的演讲的草稿案例

- 其他面向指导用的参考情报等

想养狗的理由

我的愿望

想养狗

雷伊

养狗

饲养的小狗

欢狗

的宝贵

的身体健康

例：博美犬

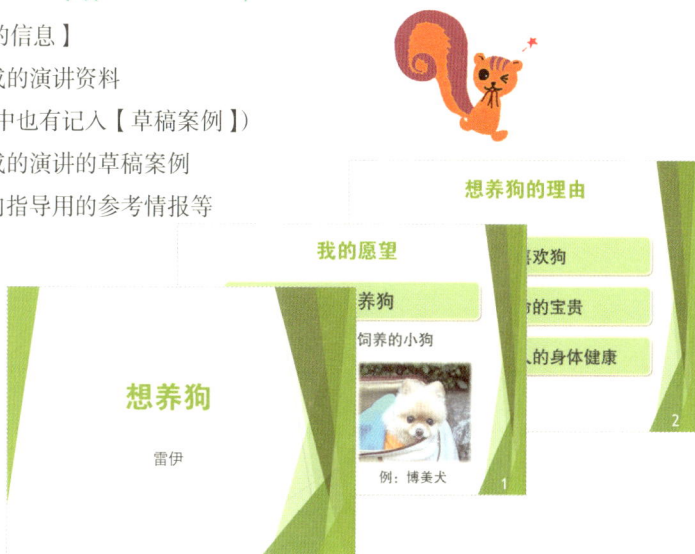

【关于参考信息的利用】

- 上述网址提供的文件，是在 PowerPoint2010/2013 软件可以正常工作的情况下进行设想的，不过，根据您使用电脑的系统环境及软件版本等，会导致出现与本书刊登的颜色和大小、版面、字体等不一样的情况，希望事先得到您的谅解。

- 上述网址提供的所有演示资料的例文都只是样版。其中涉及的内容、名称、地名等，均与实际存在的内容、名称、地名等没有任何关系。

- 上述网址提供的文件的著作权，全归作者所有，只允许用作个人使用。但是，在学校教育及同类场合下，将本书作为教材进行导入，继而在授课中得到有效利用，也是允许的。

  另外，无论是个人使用还是商业使用，都禁止向第三方转让、出借、租赁。如果有不明白的地方，请向日经 BP 出版有限公司进行咨询。

第 6 章 答案 第 114 页，与第 116 页里各有一个头发变成蓝色的雷伊。

图书在版编目（CIP）数据

精准表达：不用妈妈教，孩子自学变身说话达人 /（日）山崎红著；
亢银银译 . -- 南京：江苏人民出版社，2020.11
ISBN 978-7-214-24129-0

Ⅰ . ①精… Ⅱ . ①山… ②亢… Ⅲ . ①语言表达－儿童教育
Ⅳ . ① G613.2

中国版本图书馆 CIP 数据核字（2019）第 252441 号

江苏省版权局著作权合同登记号：图字 10-2019-567 号

SHOGAKUSEI KARA HAJIMERU TSUTAERU CHIKARA GA MINI TSUKU HON
written by Akashi Yamazaki
Copyright © 2015 by Akashi Yamazaki. All rights reserved.
Originally published in Japan by Nikkei Business Publications, Inc.
This Simplified Chinese edition was published by Beijing ZiYun WenXin Books Co.,Ltd.
in 2019 by arrangement with Nikkei Business Publications, Inc. through Qian TaiYang Cultural
Development (Beijing) Co.,Ltd.

精准表达：不用妈妈教，孩子自学变身说话达人
山崎红（著）
本书最初由日本日经 BP 在日本出版，版权归山崎红所有，并保留所有权利。

本作品简体中文版于 2019 年经由日本日经 BP，委托千太阳文化发展（北京）有
限公司代理，授权给北京紫云文心图书有限公司独家出版发行。
非经书面同意，不得以任何形式重制、转载。

书　　　　名　精准表达：不用妈妈教，孩子自学变身说话达人
著　　　　者　[日] 山崎红　　插图　Akiko Akiba
译　　　　者　亢银银
责 任 编 辑　石　路
封 面 设 计　留白文化
版 式 设 计　张文艺
出 版 发 行　江苏人民出版社
出 版 社 地 址　南京市湖南路 1 号 A 楼，邮编：210009
出 版 社 网 址　http://www.jspph.com
印　　　　刷　天津光之彩印刷有限公司
开　　　　本　880 毫米 × 1230 毫米 1/32
印　　　　张　4
字　　　　数　45 千字
版　　　　次　2020 年 11 月第 1 版　2020 年 11 月第 1 次印刷
标 准 书 号　ISBN 978-7-214-24129-0
定　　　　价　45.00 元

上架建议：家庭教育

ISBN 978-7-214-24129-0

9 787214 241290 >

定价：45.00元

江苏人民出版社
天猫旗舰店

江苏人民出版社
微信公众号